dtv
premium

Ausführliche Informationen über
unsere Autoren und Bücher
finden Sie auf unserer Website
www.dtv.de

Georg Schweisfurth
Christine Koller

Bewusst anders

Erfahrungen eines Öko-Pioniers

Deutscher Taschenbuch Verlag

FSC
www.fsc.org
MIX
Papier aus verantwortungsvollen Quellen
FSC® C013736

Originalausgabe 2012

Dieses Werk wurde vermittelt durch die
Verlagsagentur Lianne Kolf, München

Umschlagkonzept: Balk & Brumshagen
Umschlagfoto: Birgit Hart Fotografie
Satz: Greiner & Reichel, Köln
Druck und Bindung: Kösel, Krugzell
Gedruckt auf säurefreiem, chlorfrei gebleichtem Papier
Printed in Germany · ISBN 978-3-423-24951-5

»Über der Veränderung liegt stets ein Hauch von Unbegreiflichkeit.«

Carl Friedrich von Weizsäcker (1912–2007)

INHALT

Vorwort 9

Teil der Natur
Begegnung mit dem japanischen Agrar-Revolutionär Masanobu Fukuoka 15

»Das ist die falsche Landwirtschaft!«
Hallo, Wurstfabrik! 22
Kindheit im Ruhrgebiet 28
Avantgarde & Bodenständigkeit 31
Kehrtwende 38
Zurück zur Natur 40

»Basic – Bio für alle«
Studienreisen 53
Ein Ausflug in die Medienwelt 69
Gründungsfeuer 74
Vier Freunde sollt ihr sein 80
Auf und Ab 90
Jetzt läuft's! 96
Begehrlichkeiten 98
»Basics« dunkles Kapitel 103
Lidl raus! oder Die Stärke der Konsumenten 105
Collaborative Consumption 107

Utopisches Engagement
»Mittagstisch für Kinder und Jugendliche« bei »Basic« 115

Jugendakademie »Oikos« 126
»Greenpeace Deutschland« 129
»Utopia« 134
Unternehmen und Nachhaltigkeit 138
Die Schweisfurth-Stiftung 145

Küchengarten, Gartenküche
Sehnsucht »Neo Nature« 149
Zurück zu den Wurzeln 150
Probe-Wohnen im Grünen 152
Moderne Visionen vom naturnahen Leben 156
Get basic! 160
Jesses-Maria, aufs Land! 163
Selbstversorgung 165

Vita 173

VORWORT

Der Name Schweisfurth steht heute für ökologische Pionierarbeit, für Nachhaltigkeit und ethische Werte. Meine Familie und ich haben lange vor den ständig wiederkehrenden Lebensmittelskandalen und ökologischen Katastrophen der letzten Jahre darüber nachgedacht, wie es weitergehen kann: wie es möglich ist, unsere Welt lebenswert zu erhalten und den Turnaround zu schaffen. Und wir haben gehandelt.

Ich war mehrere Jahre Geschäftsführer der »Herrmannsdorfer Landwerkstätten«, gründete das ökologische Tagungshotel »Gut Sonnenhausen« und mit ein paar Freunden die Bio-Supermarktkette »Basic«. Seit vier Jahren bin ich im Aufsichtsrat von »Greenpeace Deutschland«, ich engagiere mich in der »Umweltakademie München«, in der »Utopia«-Stiftung und beim Schweizer Ethikkomitee »Invera«, das große, börsennotierte Unternehmen auf Nachhaltigkeit hin analysiert. Ich bin Mitglied des Kuratoriums der von meinem Vater 1985 gegründeten »Schweisfurth-Stiftung«. Brachte sie zu Anfang vor allem über Vorträge und Seminare Bio-Bauern und Wissenschaftler zusammen, unterstützt die Stiftung heute unter anderem die Gründung von Lehrstühlen für nachhaltiges Wirtschaften und Tierethik, arbeitet an der Erstarkung regionaler Kreisläufe und macht Leitbildarbeit für das Lebensmittelhandwerk.

Beim Arbeiten für diese ökologische Wende wechselten sich Glücksphasen und Erfolge ab mit Fehlschlägen und Enttäuschungen. Das Leben ist keine Autobahn, sondern ein sich windender Weg in luftige Höhen wie in tiefe Täler. Man weiß nie, was hinter der nächsten Biegung auf einen wartet. Nie ist etwas ganz fertig, perfekt – alles ist im Fluss, in Wandlung. Dieses Buch ist eine Art Tagebuch über meine bewegte und längst nicht abgeschlossene Reise auf dem Weg, die Welt lebenswerter zu gestalten.

Bevor es dazu kam – vor dem ökologischen Richtungswechsel –, verdiente unsere Familie ihr Geld mit Lebensmitteln aus Massentierhaltung. Nämlich mit der Marke »Herta«. 25 000 Schweine und 5000 Rinder wurden pro Woche in der »Herta«-Fabrik geschlachtet, weiterverarbeitet und, in Folie verschweißt, in ganz Europa verkauft. Im Lauf von 50 Jahren hatten mein Großvater Karl und mein Vater Karl Ludwig aus der kleinen Ladenmetzgerei meines Urgroßvaters Ludwig im westfälischen Herten den größten fleischverarbeitenden Konzern Europas gemacht. Das hatte Folgen: Je weitläufiger die Handelsstrukturen, umso größer die Distanz zwischen Erzeuger, Verarbeiter, sprich Metzger, und den Kunden. Im Vordergrund standen Margen, Marktanteile und Preise, die Qualität blieb mehr und mehr auf der Strecke. Die wachsende Produktion war verbunden mit Massentierhaltung, die zur Missachtung der Würde und natürlichen Lebensform der Tiere führte. In unserer Familie gab es nächtelange Diskussionen. Was wir im privaten Bereich schätzten und lebten, war etwas vollkommen anderes als das, womit wir Geld verdienten. Meine ganze Familie, vor allem meine beiden Geschwister Anne und Karl, mein Vater Karl Ludwig und ich, war sich bewusst, dass wir für diese Tierquälerei mitverantwortlich waren. Immer häufiger war von Aufhören die Rede. Bis mein Vater 1985 einen Schlussstrich zog und die Firma an den Schweizer Lebensmittelgiganten Nestlé verkaufte.

Back to the roots. Die Vision meines Vaters war es, inmitten einer ökologischen Landwirtschaft einen Handwerksbetrieb zu errichten mit Metzgerei und Schlachthaus, Bäckerei, Käserei, Brauerei, Hofladen, Biergarten und Wirtshaus – ganz im Sinne der dörflichen Tradition, die immer mehr durch die Supermärkte an den Stadträndern verdrängt wurde und vielerorts verloren ging. In den ersten Jahren war ich bei der Entstehung der »Herrmannsdorfer Landwerkstätten« – mit einer Unterbrechung – voll dabei und mittendrin. Ein hartes Stück Arbeit! Denn die Umsetzung war alles andere als leicht. Damals waren wir Einzelkämpfer. Noch dazu wollten wir zu viele Ideen gleichzeitig realisieren. So sollte es ganze zehn Jahre dauern, bis sich nach einer langen Durststrecke endlich betriebswirtschaftlicher Erfolg einstellte. Von der Presse wurde die Kehrtwende als Wandlung vom »Saulus« zum »Paulus« gefeiert. Wir wurden zur Anlaufstelle der alternativen Agrar- und Umweltszene. Sogar internationale Größen wie Declan Kennedy, Bill Mollison oder Robert Jungk besuchten uns.

Da mein Vater jedoch andere Ziele verfolgte als ich und damit wir uns im Generationenkonflikt nicht aufrieben, schied ich 1993 als Geschäftsführer aus, um meinen eigenen Traum zu verwirklichen. Ich wollte eine Antwort auf die Frage finden: Wie kann man es schaffen, noch mehr Menschen mit Bio-Lebensmitteln zu versorgen und nicht bei drei Prozent Bio-Konsum stehen zu bleiben? Meine Recherche führte mich zuerst nach Yokohama zur Konsumentenkooperative Seikatsu Club Seikyo. Das Handelsunternehmen hatte in Stockholm den von Jakob von Uexkuell gestifteten sogenannten Alternativen Nobelpreis, den »Right Livelihood-Award«, verliehen bekommen, weil es zum Beispiel Kunden am Kapital beteiligte – das interessierte mich. In dieser Zeit traf ich in Tokio auch den Lebensstilforscher Toshihiro Imai und auf der Insel Shikoku den Agrarrevolutionär Masanobu Fukuoka. Beides waren

Begegnungen, die meine Entwicklung und meine Weltanschauung tief beeinflussten. Anschließend reiste ich in die USA und nahm den Lebensmitteleinzelhandel unter die Lupe, um den Verkaufsgeheimnissen der Amis auf die Schliche zu kommen. 1997 war es dann – nach ein paar Geschäftsgründungen und Umwegen – so weit: Zusammen mit drei Freunden, die ich aus der Herrmannsdorfer Zeit kannte, gründete ich die Handelskette »Basic« in München.

»Bio für alle« war unser Slogan. Unser Ziel war, mehr Menschen für den ökologischen Gedanken zu gewinnen und Bio-Lebensmittel auch für die Menschen begehrenswert zu machen, die bislang eher Vorbehalte hatten. Auch hier waren einige schmerzliche Erfahrungen fällig, von der Standortfindung und Asbest-Altlasten in Läden, die wir eröffnen wollten, bis hin zu finanziellen Engpässen und persönlichen Enttäuschungen. Dennoch ging das Konzept auf. Wir vier waren Überzeugungstäter. Deshalb hielten wir durch und schafften es, die Bio-Vermarktungs-Szene zu revolutionieren. Wir waren Vorreiter und die Leute sahen, dass Bio in der Größe funktioniert. Aktuell gibt es 27 Märkte von Hamburg bis Wien.

2004 schied ich aus dem Vorstand aus. Das war sehr wahrscheinlich der größte Fehler. Denn ab diesem Zeitpunkt entwickelte sich das Unternehmen nicht nur anders, als es für mich gut und selbstverständlich gewesen wäre. Sondern auf der Suche nach einem passenden Investor haben die damals Verantwortlichen die Basis von »Basic« verlassen. Ich war fassungslos, als ich 2007 von den geheimen Verhandlungen mit der Schwarz-Gruppe (Lidl) erfuhr. Mir war klar, dass die anspruchsvollen, aufgeklärten Kunden diese Liaison nicht akzeptieren würden. Als die Beteiligung von Lidl durch eine Pressemitteilung bekannt wurde, bestätigte ihr wirkungsvoller Boykott der »Basic«-Läden, der zu schweren Einbußen führte, diese Vermutung. Die Folgen: Der Discounter verkaufte im Laufe eines Jahres alle seine Anteile wieder, und der Erfolg des Kundenwiderstands blieb positiv in Erinnerung. Die Auseinandersetzungen im Hintergrund hingegen haben alle viel Kraft gekostet und dem Unternehmen harte Jahre beschert.

Heute besitze ich noch einen guten, aber kleinen Anteil an »Basic« und betreibe das Tagungs- und Veranstaltungshotel »Gut Sonnenhausen« sowie eine ökologische Landwirtschaft mit einem eigenen Küchengarten für unsere ökologische Gutsküche. Zusätzlich engagiere ich mich ehrenamtlich für Natur und Umwelt. Mein Motto ist: Du bist als Mensch Teil der Natur und stehst nicht außerhalb von ihr. Du musst deinen Lebensraum mit allem, was du tust, beschützen. Wenn jeder mit anpackt und wir gemeinsam Hand in Hand loslaufen, schaffen wir das. Das kann man nicht nur dem »Staat« überlassen, dessen Politik oft von anderen Interessen beeinflusst ist. Obwohl es seine Aufgabe wäre, den Rahmen für ökologisches Wirtschaften zu setzen, etwa Steuern auf den Verbrauch von Umwelt zu erheben. Bis jetzt hat das niemanden gekümmert: Im Kapitalismus gilt die Natur als preisgünstiges, kostenloses Gut. Sie ist einfach da, hat keinen Wert, und ihr Schutz muss nicht in die Produkte eingepreist werden. Das muss sich ändern, wenn wir einen Umwelt-Kollaps abwenden wollen: Ohne ein intaktes Ökosystem können wir nicht überleben. Wir nicht und die Generationen nach uns nicht. Der staatliche Gesetzesrahmen ist dabei genauso wichtig wie die allmähliche Veränderung des Bewusstseins der Individuen.

Das heißt für uns alle, dass wir Stück für Stück unser Verhalten ändern müssen. Es geht da nicht nur um die Reduzierung des CO_2-Ausstoßes. Was nutzen Autos mit weniger Benzinverbrauch, wenn der motorisierte Individualverkehr ständig wächst und beispielsweise die ökologische Belastung durch Erdölförderung in entlegeneren und ökologisch sensiblen Gebieten wie etwa der Arktik die Folge sind? Das reicht nicht.

Konsumenten haben durch ihre Kaufentscheidungen viel Macht. Das habe ich als Mitbegründer und Teilhaber von »Basic« selbst erlebt. Diese Power können wir nutzen, um zum Beispiel gemeinschaftlich zu konsumieren, wie Autos und andere Gebrauchsgegenstände zu teilen. Setzen Sie auf Second-Sale, Swapping, Genossenschaften, Consumer Supported Agriculture (CSA). Man kann sich ehrenamtlich engagieren oder als Förderer. Es gibt viele Möglichkeiten, wieder stärker mit und bei der Natur zu leben. Wie das geht, was sich im Einzelnen hinter CSA & Co. verbirgt, warum ich »Small is beautiful« und Ordoliberalismus gut finde, darum geht es in diesem Buch. Viele Projekte und Ideen gehören zu den Stationen meiner Lebensreise als Öko-Pionier, ebenso wie Ausflüge in die Geschichte der grünen Bewegung und ermutigende Beispiele von der Courage anderer Menschen, die etwas bewusst anders als alle anderen machten. Es ist einfach gut, über den Tellerrand zu blicken und sich inspirieren zu lassen.

TEIL DER NATUR

Begegnung mit dem japanischen Agrar-Revolutionär Masanobu Fukuoka

Er hatte einen langen, weißen Bart und war ganz klein und zierlich. Aber er strahlte Größe aus. Masanobu Fukuoka war 81 Jahre alt, als ich ihm 1994 das erste Mal begegnete; 2008 ist er mit 95 Jahren gestorben. Eigentlich Mikrobiologe, wurde Fukuoka mit seiner von ihm selbst so bezeichneten »Nichts-tun-Landwirtschaft« zum berühmtesten Bauern Japans. In der Zeitung las ich von seinen spektakulären Begrünungsaktionen in der Sahelzone. Dort hatte er aus einem Flugzeug lehmumhüllte Samenkapseln abgeworfen, um zu demonstrieren, dass selbst Wüsten begrünt werden könnten. Zusätzlich sorgte sein Bestseller ›Der große Weg hat kein Tor‹ weltweit für Furore. Darin ging er der Frage nach: Wie kann es gelingen, ein Leben im Einklang mit der Natur zu führen? Seine Antwort lautete: mit Permakultur. Das heißt, dass man mehrjährige statt einjährige Nutzpflanzen anbaut, um »permanent« – also jedes Jahr – ernten zu können. Fukuoka plädierte für eine natürliche Landwirtschaft, in der anders als in der modernen Landwirtschaft die menschlichen Eingriffe auf ein Minimum reduziert sind. Die Natur kann sich selbst erhalten, man muss nur ihre Kraft nutzen, das war seine Ansicht.

Es war nicht leicht, an den alten Herrn heranzukommen. Telefonisch konnte man ihn nicht erreichen und auf Briefe antwortete er nicht. Ich dachte schon, ich müsste mein Vorhaben wieder aufgeben. Auf einer Kimono-Show in Tokio aber lernte ich den Lebensstilforscher Toshihiro Imai kennen, später *Sensei* für mich, weil er mir ein wichtiger Lehrmeister wurde. Er half mir weiter. Japaner gehen gerne auf Studienreise, und so begleitete mich Imai auf meiner Reise nach Shikoku, der kleinen Insel im Süden Japans, auf der Fukuoka lebte. Ein befreundeter Architekt aus Tokio kam auch mit. Er sprach gut Englisch und bot an, zu übersetzen. Nur ganz wenige Japaner sprachen damals passables Englisch – auch Imai war der Fremdsprache kaum mächtig. Man verständigte sich durch Gestikulieren und gemeinsame »Anschauung«.

Im Mai 1994 flogen wir von Tokio nach Osaka. Dort holten uns Freunde aus Kyushu mit dem Geländewagen ab; Sawa-San war dort Landschaftsarchitekt. Mit der Fähre setzten wir nach Shikoku über. In dieser Gegend war es viel wärmer als in der nördlich gelegenen Hauptstadt. Die Menschen waren traditionell gekleidet und trockneten Tintenfisch und Seetang in der Sonne, um ihn haltbar zu machen. Ein Fischer erklärte uns den Weg zu Fukuoka. Fast eine Stunde schaukelten wir durch Bambuswälder und urwaldartiges Gesträuch, bis wir in Fukuokas wild wucherndem Berggarten ankamen.

Er trug blaue Baumwollhosen und eine blaue kimonoartige Arbeitsjacke – die landestypische Kluft der Bauern – und hatte einen Stapel Brennholz im Arm. Mit einer kurzen Verbeugung begrüßte er uns und lud uns ein, in seiner Hütte Tee zu trinken. Ich war tief beeindruckt. Nie hätte ich erwartet, dass die Lebensumstände des legendären Masanobu Fukuoka, der für sein Schaffen gar den Friedensnobelpreis des Fernen Ostens, den Ramon Magsaysay Award, erhalten hatte, so bescheiden waren. Er lebte in einer einfachen Hütte mit zwei Räumen, die Küche, Ess-, Wohn- und Studierzimmer zugleich waren. Auf dünnen Reisstrohmatten saßen wir um eine offene Feuerstelle herum, auf Fukuoka das Teewasser in einem Eisenkessel erhitzte. Ringsherum auf dem Boden lagen Schriftrollen, türmten sich Stapel mit Büchern, Briefen und Dokumenten. Eine dünne mit Reispapier gespannte Schiebetür trennte Fukuokas Schlafbereich ab. Durch ein großes Fenster mit Sprossen und vielen kaputten Scheiben sahen wir hinaus auf seinen Garten Eden.

Über die Schweisfurth-Stiftung war ich vielen Philosophen und Pionieren der alternativen Szene begegnet, aber niemand von ihnen lebte so konsequent, was er predigte. Fukuoka-Sensei ernährte sich ausschließlich von selbst angebautem Obst, Reis und Gemüse, verzichtete auf Strom, Heizung und fließend Wasser; die Feuerstelle war die einzige Wärmequelle. Ein Telefon gab es nicht. Die Unmengen Post, die er aus aller Welt erhielt, half eine Studentin aus Kobe zu beantworten. »Ich spreche kaum Englisch und schon gar keine anderen Fremdsprachen. Sag den Leuten draußen in der Welt, dass sie nicht so viel schreiben sollen und wenn, dann auf Japanisch übersetzt. Die Leute denken immer, ich hätte ein Riesenbüro …«, brummte er beim Teetrinken.

Gut, dass ich einen Übersetzer dabeihatte, dachte ich, schließlich wollte ich wie viele Briefschreiber Rat von ihm. Ich wollte wissen, ob wir richtig lagen mit unserem Landbau in Herrmannsdorf, wo wir 1986 damit begonnen hatten, Landwirtschaft, Lebensmittelhandwerk und Handel unter einem Dach, nämlich unter dem der »Herrmannsdorfer Landwerkstätten«, zu vereinen. Ich hatte ein Fotoalbum mit vielen Fotos und Skizzen aus unserem Betrieb zusammengestellt: die Gärten, die Weiden, die Tierhaltung …

»Das ist die falsche Landwirtschaft«, war die lapidare Antwort. Kurz, knapp, hart.

Ich dachte, ich höre nicht recht, und war im ersten Moment fast gekränkt. Da fahre ich um den halben Erdball, sagte ich mir, um seine Meinung zu erfahren. Ich wollte ihn sogar nach

Deutschland einladen. Und was passiert? Er haut mir unser Konzept um die Ohren.

»Das ist reine Monokultur«, begründete er sein hartes Urteil. »Ihr habt da kaum mehrjährige Pflanzen … Arbeitet mit zu großen Maschinen, da werden Lebenskreisläufe auseinandergerissen … Und Schweineställe? Das ist nicht die richtige Tierhaltung.«

Mit Masanobu Fukuoka (Mitte) und Toshihiro Imai 1994

Es war starker Tobak! Aber was Fukuoka sagte, gab mir zu denken. Insgeheim hatte ich schon immer das Gefühl gehabt, dass wir noch konsequenter sein könnten. Die technikgläubigen Berater hatten sich durchgesetzt. Unsere Input-Output-Rechnung war zwar besser als im konventionellen Landbau, wo viel synthetisch gedüngt wird und etwa mit Herbiziden gespritzt. Trotzdem war damals der Energie-Input zu hoch. Mir wurde klar, dass Fukuoka-Sensei recht hatte mit seiner harschen Reaktion. Heute haben wir in Herrmannsdorf viel von der Permakultur gelernt und verändert. Wir pflegen eine symbiotische Landwirtschaft und lassen die Enten, Gänse, Hühner, Rinder, Schweine und Lämmer frei laufen, statt sie in Ställen mit befestigtem Auslauf zu halten.

Fukuoka-Sensei war der Ansicht, dass wir Menschen bescheidener leben sollen, dass wir so wenig Energie und Ressourcen wie möglich verschwenden sollen. Nach dem Teetrinken zeigte er uns in einem langen Rundgang durch seinen vielleicht 20 Hektar großen, wild wuchernden Garten, wie er die einjährigen Früchte zog. Er baute wasserlos Reis an und zog im Wechsel mit Reis Wildgerste, um den Boden nicht durch Monokultur auszulaugen, sondern ihn durch sogenannte stickstoffsammelnde Zwischenfrüchte zu nähren.

Der Garten wirkte auf den ersten Blick wie ein unglaubliches Durcheinander, aber er war dennoch gepflegt. Fukuoka ließ die Bäume und Sträucher wachsen, wie Mutter Natur es vorsah, er sorgte nur dafür, dass sie einander nicht erdrückten und sich verdrängten. Er hatte in den Bergen Shikokus einen Garten Eden geschaffen. Beim Durchstreifen dieser üppigen Vegetation, in der viele Vögel und Schmetterlinge umherschwirrten, hatte man das Gefühl, man könnte einfach hineingreifen und die Früchte pflücken. Pfirsiche, Kakis, Mandarinen, Weintrauben, Mangos …

Bis dahin hatte ich so etwas noch nie gesehen. Erst Jahre später im Osten der Elfenbeinküste traf ich auf ein ähnliches Paradies. Dort war ich mit meinem ivorischen Freund Dr. Dodo Liadé hingereist, um die Bauern für ökologischen Kakaoanbau zu gewinnen. Der Westen dieses Ökosystems war durch Brandrodung und Monokultur schon der Palmöl- und Kakaoproduktion im großen Stil zum Opfer gefallen. Ich wollte meinen Beitrag dazu leisten, dass das im Osten nicht auch geschah, und 2007 nach dem vorläufigen Ende des langen Bürgerkriegs ein Entwicklungshilfeprojekt mit aufbauen. Es stellte sich jedoch als politisch völlig unmöglich heraus, und wir ließen die Finger davon.

Fukuoka-Senseis Philosophie fußte auf dem Buddhismus. Er sah sich als Teil der Natur und lebte in ihr mit großer Demut. Er sah sich »als eine Nussschale im großen Fluss des Lebens«, wie er sagte. Dieser Gedanke war dem Westen fremd. Schließlich heißt es schon in der Schöpfungsgeschichte des Alten Testaments: »Seid fruchtbar und mehret euch und füllet die Erde und machet sie euch untertan und herrschet über die Fische im Meer und über die Vögel unter dem Himmel und über das Vieh und über alles Getier, das auf Erden kriecht.« Aus dieser Sichtweise resultierte der Glaube, mithilfe von Technik und Wissenschaft alle Probleme lösen zu können. Kaum einer hat wirklich weitergelesen. Nur wenige Seiten weiter steht: »Der Herr setzte den Menschen in den Garten Eden, auf daß er ihn bebaue und bewahre.« (Genesis, Mose 2.)

Das ist schade, denn die Folgen von zuviel Technik sind Hungersnöte, Klimakatastrophen, die Verknappung der Ressourcen, die zunehmende Verschmutzung und Vergiftung unseres Lebensraums. Schließlich führt der weltweite Irrweg der industriellen Landwirtschaft, mit seinem Monokausal-Denken und Monokultur-Handeln, letztlich zu immer mehr Biozid-, Pestizid-, Herbizideinsatz. Das Immer-mehr-Dogma treibt den Bau von immer mehr Autobahnen, von immer mehr Logistik-Zentren und Einkaufsarealen voran. In Deutschland wird täglich die Fläche von 130 Fußballfeldern zugebaut. Dabei haben wir schon doppelt so viel Einzelhandelsfläche pro Einwohner wie die Franzosen.

Daher meinte Vordenker Fukuoka: Lernen wir nicht mit der Natur und bescheiden zu leben, ziehen wir den Kürzeren. Als junger Mann war er Agrarbeamter in seiner Präfektur gewesen. Die Erfahrungen in dieser Position veranlassten ihn, sein Leben radikal zu ändern. Die Begegnung mit ihm wiederum war für mich der Grund, mein Leben zu ändern. Sie prägte viele meiner zukünftigen Entscheidungen. Von meinem Elternhaus her war ich eher antikapitalistisch und bescheiden erzogen worden, was kaum jemand vermutet, denn schließlich gelte ich in der Öffentlichkeit immer noch als »Sohn der Herta-Wurst«. Aber Fukuokas Lebenskonzept war noch einmal radikal anders in seiner Konsequenz. Er war seiner Zeit weit voraus.

»DAS IST DIE FALSCHE LANDWIRTSCHAFT!«

Hallo, Wurstfabrik!

Es roch nach gekochtem Fleisch, nach Buchenholzrauch oder reifer Salami – je nachdem, was gerade hergestellt wurde. Sozusagen inmitten dieser Fleischküche wurde ich am 12. August 1959 geboren. Meine Eltern lebten damals neben der Kantine und über der Metzgerei auf dem Betriebsgelände der neu erworbenen Fleischfabrik meines Großvaters an der Schleißheimer Straße in Dachau bei München. Mein Vater, ein durchsetzungsstarker Charismatiker – Drittgeborener neben drei Schwestern – war 29 Jahre alt und nach einer Metzgerlehre und Studium gerade ein paar Jahre im elterlichen Betrieb beschäftigt, als ich zur Welt kam. Oder besser gesagt, »wir«. Denn wir waren zu zweit: Als zweieiiger Zwilling kam ich zwanzig Minuten nach meinem Bruder Karl zur Welt.

Die Hebamme orakelte damals über Karl: »Das ist der Bauer«, und deutete dann auf mich: »Das ist der Künstler.« Tatsächlich unterschieden wir uns in unseren Fähigkeiten, auch wenn wir bei vielen Fragen immer gleich »tickten«. Zunächst traten wir beide in die Fußstapfen der Familie – vor allem in die meines Vaters. Bis ich später erkannte, dass mir das Suchen und Erspüren neuer Ideen, dass mir der Vertrieb, der Handel und das Marketing mehr lagen als das Handwerk und die Landwirtschaft. Beides muss gut gemacht werden, doch ich wollte und will, dass viel mehr Menschen – am besten alle – vom ökologischen Landbau profitieren, dass Systeme und Rahmenbedingungen entstehen, die ein lebenswertes Leben auch in Zukunft garantieren. Dass Nachhaltigkeitsgedanken und Ressourcenmanagement möglichst viele infizieren, dass es einen Gegenpol zur Hochgeschwindigkeitsökonomie gibt, zum Egoismus und zur Ignoranz der vergangenen Jahre und Jahrzehnte. Dass ich die Möglichkeit habe, mich mit solchen Themen zu beschäftigen, sehe ich als großen Luxus an. Dafür hat meine Familie sicherlich die Grundlagen geschaffen.

Mein Bruder wurde nach dem Großvater väterlicherseits benannt, ich nach dem Vater meiner Mutter. Der eine war in der zweiten Generation Fleischfabrikant im westfälischen Herten, der andere Inhaber und Chef einer Pappkartonfabrik in Opladen bei Köln. Beim Tanzen hatte mein Vater Karl Ludwig Schweisfurth 1951 meine schöne, selbstbewusste Mutter Doris Rath kennengelernt. Er studierte damals in Köln Betriebswirtschaft, sie war gerade mit dem Abitur fertig. Gelegentlich trafen sie sich wieder, verliebten sich. Im Sommer 1958 heiratete mein Vater die angehende Fremdsprachenkorrespondentin und Dolmetscherin in Opladen und zog mit ihr nach Dachau. Dort übernahm er die Betriebsleitung der Wurstfabrik. Mein Großvater hatte sie erworben. Zu einem Zeitpunkt, als eine neue Produktgruppe – das vakuum-frischeverpackte Wurstsortiment zur Selbstbedienung – in den Supermärkten langsam an Fahrt aufnahm. Das Wirtschaftswunder und die guten Gewinne dieser Jahre ermöglichten es meinem Großvater, Firmen aufzukaufen, seine Marktposition zu stärken und sich zu diversifizieren.

Unser erstes Jahr verbrachten Karl und ich also inmitten von Schlachthaus, Metzgerei, Kantine und Büros. Die Geräusche und Gerüche der prosperierenden Wurstfabrik erlebten wir aus unserem blauen Zwillingskinderwagen. Wir waren die Stars in der Wurstfabrik, wie man auf dem folgenden Foto erkennen kann!

Unsere Mutter Doris mit Kinderwagen und einigen Werksangehörigen

Als mein Großvater älter wurde und in Herten Verstärkung brauchte, zogen wir 1960 dorthin, in die Stadt meiner Vorväter, eine blühende Kleinstadt in Westfalen. Die Stadt lebte von der Fleischverarbeitung und vom Bergbau und wurde mit ihren Fachwerkhäuschen, dem Wasserschloss, der Kolonialwarenhandlung und dem großen Buchladen als »Europas stolzeste und größte Bergbaustadt« bezeichnet. In den zwei der drei größten Zechen des Ruhrgebietes, Schlägel & Eisen, Ewald und dem Schacht Westerholt, lag die Fördermenge an Steinkohle in den Hochzeiten bei 36 000 Tonnen am Tag.

In diesem stolzen Städtchen, das man vor der Beton-Modernisierung in den 70er-Jahren als idyllisch bezeichnen konnte, befand sich der Stammsitz der 1947 von »Schweisfurth« in »Herta« umgetauften Firma. Bei einem Preisausschreiben unter den Angestellten hatte eine Mitarbeiterin die spontane Idee, die Marke nach ihrem Vornamen »Herta« zu benennen – auch wegen des Bezugs zu Herten. Das gefiel meinem Großvater

»Herta«-Fahrverkäufer. 1948 wurde der »Herta«-Schnelldienst aufgebaut.

Karl, einem Vollblut-Entrepreneur, der für die Firma lebte. Er fackelte nicht lange.

Schließlich bereitete er die Expansion ins europäische Ausland vor. Sein Werbeberater Hubert Strauf (»Mach mal Pause – Coca-Cola«, »Pril entspannt das Wasser«) empfahl ihm, den Markennamen mit einem Claim zu versehen. Heraus kam: »Herta – Wenn's um die Wurst geht«. Herta war zu dem Zeitpunkt keine kleine Metzgerei mehr, sondern zählte damals bereits mehrere tausend Mitarbeiter. Das hätte sich der Vater meiner Großmutter Erna – ein höherer Beamter – wohl nie träumen lassen. Er neckte seine Tochter gerne damit, einen kleinen, dicken Metzgermeister geheiratet zu haben.

Ab 1946 gab es »Herta«-Filialen mit Selbstbedienung; eine Revolution!

In Herten bezogen wir ein kleines Häuschen neben der Villa meiner Großeltern, nahe beim Rathaus in der Innenstadt und 500 Meter entfernt von dem Haus an der Feldhege, in dem meine Urgroßeltern Ludwig und Hermine Schweisfurth mit ihrer kleinen Metzgerei und dem schönen Metzgerladen 1897 den Grundstock für »Herta« gelegt hatten. 1964, fünf Jahre nach unserer Geburt und ein Jahr nach der meiner Schwester Anne, starb mein Großvater mit 67 Jahren. Bei der Eröffnungsrede der neuen Fabrik in Dachau erlitt er einen Herzinfarkt und verstarb Stunden später im Krankenhaus in München. Von da an leitete mein Vater das Unternehmen, das bereits den englischen und spanischen Markt belieferte.

Die Metzgerei meiner Urgroßeltern Ludwig (rechts) und Hermine Schweisfurth (links daneben) im Jahr 1902 in Herten

Meine Großmutter hatte bisher ständig im Betrieb mitgerackert. Der Tod meines Großvaters rüttelte sie wach. Sie nahm sich mehr Zeit für sich selbst und unternahm Ausflüge mit uns Enkelkindern. Sonntags holte sie uns mit ihrem Chauffeur Hans-Werner in ihrem dunkelblauen Mercedes ab. So lernten mein Bruder Karl, mein Vetter Jan und ich die Wasserschlösser im Münsterland kennen, das Lamberti-Münster in Münster (mit den fürchterlichen Menschenkäfigen daran) und das Bergbaumuseum im 20 Kilometer entfernten Bochum. Wir liebten die große, stattliche Frau dafür, die uns auch gerne ausgiebig in den Arm nahm – was ungewöhnlich war für diese Zeit. Mein Großvater mütterlicherseits, Georg Rath, war bereits 1963 unerwartet gestorben. Aber ich erinnere mich noch an diesen fröhlichen Mann. Einmal im Monat besuchten meine Mutter und wir Kinder ihn und meine Großmutter Lore, eine elegante Dame der Gesellschaft, im Rheinland. Dann kam er früher als sonst aus der Firma nach Hause und spielte mit uns. Jedes Mal hatte er eine kleine Überraschung dabei. Eine Süßigkeit oder ein kleines Spielzeugauto. Die mussten wir in seinen Taschen suchen und stürzten uns unter Gebrüll und Gelächter auf ihn.

Kindheit im Ruhrgebiet

Als meine Großmutter im November 1969 völlig überraschend starb, zogen wir in ihr Haus am Paschenberg. Fünf Jahre zuvor hatte sie es zusammen mit meinem Großvater gebaut, der allerdings den Einzug nicht mehr erleben durfte. Dieses Haus stand nahe einem kleinen Wäldchen an einer Anhöhe nördlich von Herten. Von hier aus überblickte man das ganze Ruhrgebiet mit seinen Fördertürmen und Kaminen, und in der Nacht färbten die Hochöfen der umliegenden Stahlwerke den Himmel orange. Zogen Wolken auf, sah es richtig infernalisch aus, wenn das glühende Roheisen vom Hochofen »abgestochen« wurde und in die Formen lief. Die Schlacke wurde ebenfalls abgestochen. Draußen lag sie dort dann auf Halde. Später war es die Kohle, die nicht verkauft werden konnte.

In unserem Garten gab es Eichen, riesige Kastanien und jede Menge Obstbäume. Daran grenzten die Wiesen und Weiden für die Pferde und die Angusbullen sowie der alte Kräuterhof. In ihm waren die Tiere untergebracht, außerdem das Gewächshaus der Betriebsgärtnerei und die Betriebsschreinerei von »Herta«. Morgens vor der Schule mussten wir – angeordnet von meinem Vater – zum Stalldienst im Kräuterhof anrücken. Das bedeutete, um sechs Uhr aufstehen, ausmisten, danach duschen und zur Schule laufen. Der beißende Geruch der nassen Maissilage ging kaum raus aus den Poren. Da half auch viel Schrubben nichts.

Auf dem Dachboden des Kräuterhofs hielt unser Schreinermeister Willi Dimmerling seine Brieftauben. Brieftauben galten als Rennpferde der Kumpels. An den Wochenenden brachte

Der 1950 errichtete Kräuterhof auf dem Paschenberg

Willi sie in kleinen verplombten Holzkästchen zum Brieftaubenclub Herten in der Nähe. Dort wurden sie auf riesige LKWs geladen und in die Ferne transportiert, um dann freigelassen zu werden. Die Taube, die als schnellste wieder im heimischen Taubenschlag eintraf, siegte und kassierte fette Preis- und Wettgelder. Egal, ob die Vögel nun im Norden ausgesetzt wurden, wo das platte Münsterland lag, oder im Süden, wo sich die Industrielandschaft des Ruhrgebietes auftat: Zechen, Stahlwerke, Kokereien, Fußballstadien – sie kamen meistens zurück. Willi saß dann immer draußen – mit Bierchen in der Hand – auf seinem Stuhl und blickte in die Ferne. Doch ich kann mich auch an bange Momente erinnern, wenn eine gute Taube nicht mehr zurückkehrte; Willi trauerte dann wochenlang. Und wir mit ihm.

Weil Arbeitskräfte immer wieder knapp waren, kamen viele Ausländer. Vor allem Türken, Polen, Tschechen, Slowenen und Griechen. Türken und Polen verdingten sich im Bergbau, die

Historischer Kühlwagen mit Pferden vor dem 1969 neu errichteten Bürogebäude von »Herta«

Griechen bei »Herta«. Ganze griechische Dörfer wanderten nach Herten aus, die der im Exil lebende griechische König Konstantin II. 1974 sogar besuchte. Das war Gesprächsthema für ein Jahr. Alle schwärmten von ihm und seiner schönen Frau, der dänischen Prinzessin Anne-Marie. Bei uns zu Hause wurden sie natürlich zu Königsberger Klopsen eingeladen. Ebenso wie viele Geschäftsfreunde, Künstler und Vordenker, wie Rupprecht Geiger, der Werbedesigner und Werbefotograf und -filmer Charles Wilp (Afri Cola, Stiebel Eltron etc.) oder der Zukunftsforscher Robert Jungk. Im Gespräch über Politik, Wirtschaft und Kunst saßen sie im Esszimmer am weißen Saarinentisch. Und wir Kinder mit dabei.

Avantgarde & Bodenständigkeit

Grundsätzlich waren meine Eltern eher links orientiert und wollten sich von der Vorgängergeneration unterscheiden. Meine Großmutter war zu ihrer Zeit im größten Mercedes von Herten chauffiert worden, meine Mutter hatte ein gelbes Käfer-Cabriolet. In der Firma kümmerte sie sich um die sozialen Belange der Mitarbeiter. Mein Vater hatte den kleinsten Mini Cooper und gestand seinen leitenden Angestellten und Direktoren einen Citröen DS oder einen Ro 80 zu.

Herten war kleinbürgerlich, die »besseren« Leute wählten CDU. Meine Eltern streckten die Nase über den Tellerrand hinaus. Sie fuhren oft nach Köln oder Düsseldorf, den Mittelpunkt der Künstler-Avantgarde, die bis heute prägend für den Kunstbetrieb in Deutschland ist. Sie trafen Mitglieder der »Gruppe Zero« wie zum Beispiel Günther Uecker und Heinz Mack oder den Fluxus-Künstler Wolf Vostell und den genialen Daniel Spoerri. Rupprecht Geiger, Günter Weseler und der Bildhauer Norbert Kricke und einige andere waren auch in die Planungsphase des neuen Fabrik- und Verwaltungsgebäudes, das 1969 wenige Monate vor dem Tode meiner Großmutter fertiggestellt wurde, einbezogen. Im Zuge der Internationalisierung mit neuen europäischen Vertriebsstandorten, mit steigendem Absatz im Lande und den Erfordernissen für die Fabriken in Afrika und Südamerika waren die alten Räumlichkeiten in der Innenstadt zu klein geworden. Sie wurden abgerissen, nachdem auf der sogenannten »grünen Wiese« ein nach den neuesten Erkenntnissen im Fabrik- und Bürobau, hochmoderner »Herta«-Stammsitz entstanden war. Entworfen vom Essener Architekten Werner Ruhnau. Neben den ersten, bislang in Deutschland nicht bekannten und natürlich heftig kritisierten Großraumbüros gab es Kunstobjekte, die Teil der Gesamtarchitektur waren und nicht nachträglich museal an die Wände gehängt wurden. Statt nüchternem grauem Beton prangten in der Verpackungshalle riesige ockerfarbene Höhlenmalereien von Wolf Vostell oder im Verwaltungsgebäude atmende Dinosaurier-Wände von Günter Weseler.

Trotz aller Neuerungen war und blieb die Arbeit in einer Wurstfabrik Knochenarbeit. Es war kalt, feucht, heiß und rauchig. Da sollten die Mitarbeiter wenigstens in einer optisch angenehmen Atmosphäre arbeiten können, so der Gedanke. Daneben gab es einen Betriebsladen, in dem die Beschäftigten preiswert »Herta«-Produkte einkaufen konnten, und einen »Sozialraum«, der einer großen italienischen Piazza nachempfunden war, mit einem großen schweren hölzernen Geburtstagstisch für Feiern, einem Kiosk und natürlich Flipperautomaten, Kickerkästen und Skattischen. Denn »der Mensch steht im Mittelpunkt des Unternehmens«, wie schon mein Großvater sagte und was auch das Credo meines Vaters (neben der Wurst) war, der sich damals als einer der ersten Unternehmer viele Gedanken zur sogenannten »Humanisierung der Arbeitswelt« (!) machte.

Was im Betrieb vor sich ging, bekamen wir Kinder natürlich mit. Morgens, mittags, abends war er Thema, bei Tisch, beim Lunch mit Geschäftspartnern oder wenn mein Bruder und ich bei Mitarbeiter-Besprechungen in der Firma dabei sein durften. In den Sommerferien standen wir selbst am Schinkenband, halfen in der Verpackungsabteilung, oder ich ging dem Elektriker zur Hand. Dafür durften wir unseren Vater auch zu den Produktionsstätten nach Badbergen, nach Bünde, nach St. Paul und Homécourt in Frankreich begleiten, nach Gerasdorf bei Wien oder wie mein Bruder Karl nach Ijui in Äthiopien. Für mich war Brasilien, wohin ich mit meinem Vater reisen durfte, das Highlight: Rio, São Paulo, Porto Allegre, Salvador di Bahia. Da war ich 18.

Noch schöner allerdings waren gemeinsame Urlaube. Die waren nicht so luxuriös wie bei anderen Unternehmerfamilien. Wir zuckelten mit dem Pferdewagen durch Irland, im Camper durch Finnland und British Columbia oder glitten mit der karg ausgestatteten, gecharterten alten Rennyacht »Gattopardo« durch die Ägäis. Vater als Seebär, Karl und ich seekrank an der Reling. Es roch nach faulen Eiern, nach Diesel und kaputtem Klo. Der Meltemi, der Sommerwind in der Ägäis, blies eine Salzwassersalve nach der anderen in die Öffnungen unseres Ölzeugs. Das war jeden Juli so. Im Herbst waren wir häufig in Österreich. Dort bewohnten wir ein kleines Bauernhäuschen am Hallstätter See, während mein Vater über Hallstatt in einem gepachteten Hochwildrevier Gamsen und Hirsche jagte, das leidenschaftlich tat und das Klischee bediente. Das Häuschen war (und ist bis heute!) sehr bescheiden, mit winzigen Zimmern und niedrigen alten Holzdecken. Es liegt inmitten einer freien Wiese zwanzig Meter vom See entfernt. Das passte zur Grundeinstellung unserer Eltern, die übertriebenen Luxus und Statussymbole als völlig indiskutabel ablehnten. Diese Erlebnisse, das Ofenfeuer, das Kochen am Holzherd, Schlafen in kalten Räumen, das Leben mit wenig Raum und viel Natur haben uns drei Kinder stark geprägt. Und den Grundstock für eine Sehnsucht gelegt, die an uns »rich kids« auch hätte vorbeigehen können. Aber unsere Eltern suchten diesen Gegensatz und wollten, dass wir bescheiden zu leben lernten. In dem Häuschen kamen wir auch unserem Vater viel näher, der zu Hause in Herten sehr beschäftigt war und den Kopf voll hatte mit betrieblichen Dingen.

Vielleicht war die spätere Begegnung mit Fukuoka Sensei auch deshalb so beeindruckend für mich, weil er meine Kindheitserfahrung des einfachen Lebens – die für mich Geborgenheit und Freiheit symbolisiert – als Dreh- und Angelpunkt seiner buddhistischen Naturphilosophie verkörperte. In jedem

Wir Brüder mit Vater Karl Ludwig auf Fahrradtour

Fall war ich als Kind gerne draußen. Auch in Herten. Gleich nach der Schule schnappten mein Bruder und ich uns die Fahrräder und fuhren zu Freunden, Schulkameraden aus den umliegenden Bergbausiedlungen. Als die »Sieben Adler«, wie unsere Kinderbande hieß, deren Anführer Karl war, bauten wir Lager, brutzelten Pfannkuchen, gingen baden oder rauchten die erste Zigarette.

Gelernt haben wir wenig. Aus diesem Grund drehte ich in der achten Klasse eine Ehrenrunde. Selten hatte ich Lust auf Schule: Die meisten Lehrer verstanden es nicht, Kinder für den Lehrstoff zu begeistern (ein Grund, warum meine Kinder später auf die Waldorfschule gingen). Lieber zogen sie einen wie mein Religionslehrer, den wir den »schwarzen Raben« nannten, an den Ohren oder an den Haaren, während der cholerische Sportlehrer uns anbrüllte und mit Rippenkicks bedachte, wenn

Mit Mutter Doris, Bruder Karl, Schwester Anne und »Kindermädchen« Christel an der Ostsee

die Klasse nicht parierte. Diese Gewalt schürte wieder Gewalt – insbesondere, weil wir eine reine Jungenklasse waren.

Ich habe versucht, mich – so gut es ging – rauszuhalten, und kapselte mich immer mehr ab. Zu Hause begann ich zu malen und zu basteln. Papier, Pappen, Kartonagen, die ich im Müll fand, dienten mir als Malgrund. Statt Postern von Popstars hing bei mir Selbstgepinseltes an den Wänden. Die üblichen Hitparaden-Verdächtigen interessierten mich nicht, sondern Rockmusiker wie »King Crimson«, »Kraftwerk«, »Can«. Während Karl Kanarienvögel und Nymphensittiche züchtete, spezialisierte ich mich auf Fische und baute Aquarien für sie. Wenn ich heute zurückschaue, wundere ich mich manchmal, wie introvertiert ich damals war. Ich mache heute noch gerne Illustrationen für Werbeanzeigen oder für Wegweiser, für Postkarten und die Webseite von Sonnenhausen. Stumme, kalte Fische würde ich mir allerdings nie in die Wohnung holen. Damals war mein Zimmer voll davon. Sogar in den Kleiderschränken tummelten sich Zierfische und Buntbarsche in selbst gebauten Bassins, die immer größer wurden und gelegentlich zu lecken begannen. Später baute ich Musikanlagen für die Partys, die wir im Keller feierten – laut und dunkel.

Mit Pils und Korn ertränkten nicht nur die Erwachsenen den Frust über die harte Arbeit und später die Schließung vieler Zechen, die Mitte der 70er-Jahre voranschritt – das Pils schwappte auch auf uns Jugendliche über. Gleichzeitig brachte uns der Lehrermangel in Nordrhein-Westfalen viele Freistunden, Leerlauf und Langeweile ein. Meine Mutter hatte uns immer sehr behütet, aber mit zunehmendem Alter entglitten wir ihr immer öfter. Ich habe meine Freizeit viel beim Fischen und mit – sehr wahrscheinlich für mein Alter ein bisschen zu viel – Alkohol verbracht, bis meine Mutter das merkte und mir im Frühjahr 1977 die Idee mit einem Schweizer Internat schmackhaft machte. Sie war sehr besorgt um mich. Wir sahen uns einige Internate an, und ich entschied mich für Oberägeri im Kanton Zug. Weil der Direktor dort auch mich ins Gespräch einbezog und nicht nur mit meiner Mutter sprach wie alle anderen. Eigentlich, tief in mir drin, wollte ich einfach nur weg.

Um Französisch nachzuholen, das die Schüler in Oberägeri als erste Fremdsprache bereits seit acht Jahren lernten, kam ich für ein halbes Jahr in die kleine Wirtschaftssprachschule »Les Bosquets« in Les Diablerets, einem kleinen Örtchen zwischen Gstaad und Montreux in den Waadtländer Alpen. Hier entdeckte ich meine Leidenschaft für die Berge und verbrachte eine herrliche Zeit mit viel Skifahren und In-der-Natur-Sein, mit netten Jungen und Mädchen. Französisch-Unterricht hatte ich vormittags. Eines Morgens noch vor dem Unterricht allerdings stand meine Mutter weinend vor der kleinen Berghütte, in der ich schlief. Sie überbrachte mir die Nachricht, dass sie und mein Vater sich getrennt hätten. Von dem Zeitpunkt an gab es keine Familie mehr in Herten. Ich hatte ein schlechtes Gewissen, so weit weg von zu Hause zu sein und ihr nicht helfen zu können.

Nachdem mein Französisch ganz passabel geworden war, siedelte ich 1977, wie geplant, in das Internat Oberägeri um. Dort machte ich im Mai 1979 mein Abitur. Einen Tag später rückte ich bei den Gebirgsjägern in Mittenwald ein und schob 15 Monate Dienst fürs Vaterland. Im Anschluss trat ich 1980 zunächst eine Metzgerlehre bei Berti Gassner in München-Schwabing an, die ich später bei »Herta« abschloss. Mit diesem Entschluss erfüllte ich Vaters ungeschriebenes Gesetz, vor dem Studium eine Lehre zu absolvieren. Gutes Handwerk und die damit verbundene handwerkliche Qualität schätzte er über alles. »Ein Handwerk ist das beste Rüstzeug«, predigte er fast gebetsmühlenartig. »Herta«-Lehrlinge genossen immer eine exquisite Zusatzausbildung. Sie lernten mit natürlichen Zutaten Wurst und Schinken herzustellen, unabhängig davon, ob die Konkurrenz mit allen Tricks der Lebensmittelchemie arbeitete. Stolz prangte deshalb der Satz: »… und sonst nichts« auf dem Etikett jeder »Herta«-Wurst. Hinter den aufgelisteten Inhaltsstoffen.

Die Lehre war nicht nur ein handwerklicher Grundstock für mich und beförderte meine persönliche Entwicklung, ich lernte auch das Arbeitsleben und die Sorgen und Freuden der Menschen besser kennen, die solche harten Jobs machen. Berührungsängste hatte ich durch mein Leben in Herten keine.

Dieses Modell einer handwerklichen Lehre vor dem Studium hat sich auch bei meinen inzwischen erwachsenen Kindern Maximilian, Anna und Sophie bewährt. Max ist Koch, Anna Schneidermeisterin, und Sophie hat zwar keine Lehre gemacht, kennt aber alle Werkstätten bei uns und stand schon mit zwölf in den Ferien hinter der Theke.

Kehrtwende

Mein Vater ist ein guter Rhetoriker und liebte die Diskussion, die verbale Auseinandersetzung. Wir alle waren dazu aufgefordert. Auch nachdem wir nach der Scheidung der Eltern längst nicht mehr in Herten wohnten. Als Skepsis über den richtigen Weg in unserem Business aufkam, kochten die Gemüter hoch. Das war Anfang der 80er-Jahre, als die Kommerzialisierung der Branche immer drastischere, ja grausame Opfer forderte und der Preisdruck unausstehlich wurde. Wir Geschwister waren nicht bereit, den Betrieb zu übernehmen. Das war auch ein Ergebnis unserer fast sozialistischen, fast antikapitalistischen Erziehung. »Wenn damals nicht die junge Ökologiebewegung die Kinder fasziniert hätte, wären sie wahrscheinlich Kommunisten geworden«, notierte mein Vater nach dem Verkauf von »Herta«. Die Entscheidung von Karl und mir, mit Anfang 20, Nein zu sagen, war spontan und sehr emotional, aber sie war die richtige!

Wer das Thema de facto aufgebracht hat, weiß ich nicht mehr. In jedem Fall hatten wir alle erkannt, dass die Lebensmittelproduktion in die falsche Richtung lief. Meine Urgroßeltern verkauften den Schinken, die Wurst und das Fleisch, das im Hinterhof produziert wurde, noch vorne über eine Ladentheke und kannten jeden Kunden in Herten – und auch jeden Bauern, der sie belieferte. Diese Transparenz und Kundennähe waren verschwunden. Was zählte, war nur noch der Preis, Preis, Preis. Je größer die Handelsstrukturen wurden und je mehr verschweißte Kühlware wir in ganz Europa verkauften.

Das ging auf Kosten der Qualität der Produkte und der Lebensqualität der Tiere. Wie entwürdigend die Schweine, Rinder und Hühner gehalten wurden, um möglichst viel Profit aus ihnen herauszuholen, konnte uns nicht verborgen bleiben, je öfter wir moderne landwirtschaftliche Betriebe besuchten und der Realität ins Auge sahen. Die Tiere wurden in Boxen mit Spal-

Meine Kinder Sophie, Anna und Max

tenböden zusammengepfercht, zugig und ohne jeglichen Auslauf, sie waren wundgescheuert und verängstigt und konnten sich kaum bewegen. »Ist halt so«, »Augen zu und durch«, »der Handel dreht da unerbittlich an der Preisschraube«, lauteten die Argumente der Bauern. Es war auch schick, sich als Bauer die Landwirtschaft so einzurichten, dass der Arbeitsaufwand ab- und der Output zunahm. Hohe Kredite wurden für den Umbau der Ställe aufgenommen und für einen schlagkräftigen Fuhrpark. Auf das Tier und seine Bedürfnisse wurde wenig geschaut. Es war nur ein Durchlaufposten, das war erbärmlich.

Als »weiterverarbeitender« Betrieb waren wir an der Misere beteiligt. Wir hatten jahrelang nur zugeschaut, wie sich die Dinge in der Landwirtschaft veränderten. »So geht es nicht weiter. Das ist gegen die Natur, würdelos und unethisch«, befand mein Vater, als er vom Fasten aus Spanien zurückkam – daran kann ich mich noch gut erinnern –, und läutete mit diesem Gesinnungswandel die Wende ein.

Zurück zur Natur

In weniger als fünf Monaten verkaufte mein Vater im Herbst 1985 »Herta« an die Schweizer Nestlé AG. Der Lebensmittelgigant buhlte schon seit Jahren um das Unternehmen. Umso schneller war man sich handelseinig.

Mein Vater beschloss, mit der Lebensmittelerzeugung wieder dort anzufangen, »wo sie vom rechten Wege abgekommen ist«, wie er sagte. Die Tiere sollten wieder anständig leben können, Zeit zum Wachsen haben und nicht mit allen Mitteln zur schnellen Verarbeitung hochgemästet werden. Die Landwirtschaft und die Lebensmittelverarbeitung sollten ohne gigantischen Energieverbrauch auskommen und ohne den damit einhergehenden CO_2-Ausstoß, der heute in aller Munde ist, von dem damals aber noch keiner redete. Die Fruchtbarkeit des Bodens sollte nicht mehr mit industriellen Mitteln künstlich in die Höhe getrieben und zerstört werden. Diese Vision wollte er so schnell wie möglich umsetzen. Immer ungeduldig, aber nie sein Ziel aus den Augen verlierend und mit sehr langem Atem.

Ich hatte 1981 Angelika geheiratet, eine bodenständige, quirlige Chiemgauerin, die ich auf dem Bauernhof ihrer Eltern kennengelernt hatte. 1982 studierte ich in Washington »Economics«. Dort kam unser erstes Kind, Sohn Max, zur Welt. Zwei Jahre später folgte unsere Tochter Anna. Sie wurde in München geboren, wo ich nach dem Auslandssemester Betriebswirtschaft studierte. Wir wohnten in einem Häuschen mit kleinem Garten am westlichen Stadtrand von München. Das hatten wir günstig gekauft, viel selbst hergerichtet und das erste und zweite Obergeschoss dann an eine junge Familie sowie ein befreundetes Pärchen vermietet. Mein Bruder hatte sich nach der Scheidung meiner Eltern auf eigene Beine gestellt. Nach dem Abi in Recklinghausen machte er eine landwirtschaftliche

Lehre im rheinland-pfälzischen Landstuhl und studierte nun in Stuttgart Agrarwissenschaften. Meine Schwester hatte im Doppelpack mit meiner Mutter das Abitur abgeschlossen. Während meine Mutter dann Geschichte studierte und der Düsseldorfer SPD beitrat, machte meine Schwester eine Lehre in der Hutzel-Bäckerei in Bochum, Deutschlands renommiertester kollektiv betriebener Öko-Bäckerei. Später lebte sie in einer landwirtschaftlichen Hofgemeinschaft mit mehreren Familien in Niedersachsen – dem Hollerhof. Er gehört einer Stiftung, die Anne gegründet hatte.

Mich selbst reizte nach dem »Ausstieg« meines Vaters der Gedanke einer neuen Landwirtschaft und Lebensmittelerzeugung. So sehr, dass ich zeitweise ziemlich intensiv daran mitgewirkt habe. Zusammen mit dem Systemkybernetiker Professor Frederic Vester und seinem Team entwickelten wir ein Konzept für Vaters retro-innovative Vorstellung, Landwirtschaft, Verarbeitung und Vermarktung unter einem »Dach« zu vereinen. Artgerecht die Tierhaltung und ökologisch korrekt der Landbau, handwerklich die Verarbeitung in Metzgerei, später Käserei und Bäckerei, regional der Vertrieb. Die Studie von Vester sollte klären: Was wollen wir? Was gibt es schon, und was funktioniert? Was muss beachtet werden – Standort, Infrastruktur, Baurecht, Wasser und Abwasserrecht, politische Landschaft, bäuerliche Struktur, Klima, Netzwerk? Daraus ergab sich ein Suchprofil, anhand dessen wir Zeitungsanzeigen durchforsteten. Ich fuhr viel über Land, um Höfe zu inspizieren, die für den Neuanfang infrage kamen. Nach einem halben Jahr wurden wir fündig und entdeckten den abseits, aber in einer intakten bäuerlichen Umgebung gelegenen Hof Herrmannsdorf bei Glonn, 30 Kilometer von München entfernt.

Hier begannen mein Vater, eine Gruppe wild Entschlossener und ich die »Herrmannsdorfer Landwerkstätten« aufzubauen. Das waren:

– mein Freund Michael Glück, den ich von meiner Metzgerlehre in München her kannte. Seine Eltern besaßen in der Herzogstraße in Schwabing eine Metzgerei, und er beendete gerade sein Landwirtschaftsstudium in Weihenstephan. Als Assistent meines Vaters kümmerte er sich unter anderem um die Nährstoffkreisläufe, die Kläranlage, die Biogasanlage und das Blockheizkraftwerk.

– Gabriele Birkett aus Herten. Sie hatte bei Herta eine Lehre als Industriekauffrau gemacht und erledigte alles Organisatorische. Ihr Mann, der Engländer Pete Birkett, kümmerte sich um alles, was mit Permakultur zusammenhing.

– Rudolf Senckenberg, der Sohn des Vorbesitzers, der schon viele Jahre den Hof Herrmannsdorf bewirtschaft hatte, wurde mit der Umstellung betraut.

– Hans Wöstner kam aus der Gegend und war unser ambitionierter Käsermeister.

– Josef Sandmeier, der traditionsverpflichtete, bayerische Metzgermeister.

– Andreas Scherpel, der junge, ehrgeizige Bäckermeister aus unserer alten Heimat, aus Bochum.

– der Architekt Till Hölscher, der im ersten beauftragten Planungsbüro gearbeitet hatte und dann »überlief«.

Alle brachten mehr oder weniger ihre jungen Familien mit, und ohne dass wir das so richtig geplant hätten, gab es eine Wohn- und Arbeitsgemeinschaft in Sonnenhausen. Das alte, wenige Kilometer von Glonn entfernte Gut war zeitgleich erworben worden und diente uns in den ersten Jahren als Headquarter. In Herrmannsdorf und Sonnenhausen begann sich einiges zu regen. Überall wurde gegraben, renoviert, die Wohnungen wurden bewohnbar gemacht, die alten Pferdeställe zu Kuhställen umgebaut, die Angusrinder aus Herten nach Sonnenhausen transportiert, die Keller in Käsereifekeller umfunktioniert, die Bäckerei in die alte Kapelle eingebaut, für die Metz-

Georg Schweisfurth 1983

gerei eine alte Metzgerei in Feldkirchen-Westerham angemietet und für die Käserei eine aufgelassene Milchannahmestelle in Thal, im nahe gelegenen Landkreis Rosenheim.

Die ersten Versuchseinrichtungen wurden in Betrieb genommen, offene Ställe, Freilaufflächen, Schweineduschen etc. Das war vielen Bauern der Umgebung zu viel. Sie zeigten uns den Vogel: »Ihr mit eurem Bio und Weltverbesserungsgedanken, das geht doch nicht!«, meinten sie kopfschüttelnd. Der Widerstand war stark.

Heute ist das kaum mehr nachvollziehbar, weil ökologischer Landbau so selbstverständlich geworden ist. Doch damals waren wir Spinner, passten nicht ins bäuerliche Weltbild. Das war geprägt von Technisierung und Chemie, um noch mehr Weizen, Mais etc. mit Monokultur aus den Böden zu holen. Das »Mengengerüst« hochfahren, das war die Devise, »Qualität« war kein

Unterscheidungsmerkmal mehr. Jede Ackerfrucht wurde standardisiert – und so gab es nur eine Qualität. »Ökologischer Landbau« war ein Schimpfwort, ein Politikum, und wir waren die Verhinderer der modernen Errungenschaften der Technik, die Weltverbesserer und Romantiker. Man hatte nirgends Freunde, weder in der Landwirtschaft noch in der Politik: Bio war damals alles andere als sexy! Und das Gros der Bevölkerung hatte keinen Grund, Farbe zu bekennen, wider besseren Wissens, ohne sichtbare Sorgen und noch im Rausche der neuen Industrie-Lebensmittel lebend: Mit all den bunten Verpackungen und neuen Produkten, die gerade erst frisch in den Regalen der Supermärkte eingetroffen waren. Gesundheit und Ernährung waren Begriffe, die nichts miteinander zu tun hatten.

Es waren damals nicht viele, die sich darüber Gedanken machten und Bio-Landbau betrieben. Zum Beispiel die Anthroposophen in Freiburg und Stuttgart. Als esoterische Randgruppe verschrien, trugen sie durch ihren »Demeter«-Ansatz zunächst eher noch zur Polarisierung bei. Dann der Schweizer Agrarspezialist und -politiker Dr. Hans Müller. Zusammen mit seiner Frau Maria und dem deutschen Bakteriologen Hans Peter Rusch erarbeitete er Richtlinien für den ökologischen Landbau und hatte Mitte der 70er-Jahre mit »Bioland« den ersten organisch-biologischen Öko-Verband gegründet. Auch die Katholische Landjugend bot früh Kurse für biologisch-interessierte Landwirte an. Ganz vorn in Bayern waren damals Hans Urbauer, Sepp Bichler und Sepp Daxenberger. Letzterer hatte sich über die unzureichenden Warnungen vor radioaktivem Fallout durch den Reaktorunfall in Tschernobyl 1986 so aufgeregt, dass er sich entschloss, den Bio-Hof zu verpachten und fortan an wirksamerer Stelle, nämlich in der Europa-Politik, tätig zu werden. Ich weiß noch, wie er fassungslos erzählte, dass er in jenen Tagen Ende April – weil es so warm war und er von nichts wusste – seine Kinder wie immer in der Regentonne baden ließ …

Tschernobyl hat bei vielen Menschen einen grundlegenden Gesinnungswandel in Richtung erneuerbarer Ressourcen und einer lebenswerten Zukunft bewirkt. Plötzlich war die Grünen-Partei ein Thema, WAA-Gegner formierten sich, Recycling und Bio erhielten ersten Aufwind. In der Schweisfurth-Stiftung, die mein Vater gegründet hatte, um zu erforschen, wie eine lebenswerte Zukunft nicht auf Kosten zukünftiger Generationen und der eigenen Generation zu bewerkstelligen sei, war der GAU eine Bestätigung für die Vermutung, dass die Welt sich in eine falsche Richtung entwickelt hatte und dass zu wenig Menschen etwas dagegen unternahmen. Verzweifelt suchten Mütter damals Bio-Milch für ihre Säuglinge. Plötzlich. Aber es war nicht genug da. Die Bio-Milch war sicherer, weil in den Bio-Verbänden sofort klar war, dass das verseuchte, frische Gras nicht in die Mägen der Milchkühe gelangen durfte. Das war mit Bio nicht vereinbar. Während der Bauernverband zunächst eher beschwichtigte. Also fütterten die Bio-Bauern bis zum nächsten Aufwuchs Heu und sogar das Stroh des Vorjahres und kauften Futter aus anderen Betrieben, die nicht vom Fallout betroffen waren. In Sonnenhausen gemahnt ein Haufen Humus, zu dem der Grasschnitt von April bis Juni 1986 mittlerweile verfallen ist, an den Reaktorunfall von einst.

Weil Aufklärung und Öko seither auf neues Interesse stießen, zog mein Bruder Karl sofort nach der Wiedervereinigung 1990 einen Beraterring für umstellungswillige Landwirte in Ostdeutschland auf. Vielerorts wurde auf ökologischen Landbau umgestellt. In Herrmannsdorf ging die Aufbauarbeit umso emsiger weiter.

Bevor ich ganz einstieg, wollte ich noch einen Uni-Abschluss machen und und schrieb mich fern der Heimat im Herbst 1986 an der Uni Freiburg für Volkswirtschaft ein. BWL wollte ich nach dem Vordiplom nicht weiterstudieren. Das Fach fand ich zu theorielastig, zu konservativ, zu wenig relevant, um die wirklichen Probleme unserer Zeit zu lösen. Es wurde immer nur kalter Kaffee serviert, wir lernten aus 30 Jahre alten Büchern. Die Fakultät in Freiburg war eher links, das behagte mir mehr. Und von der Volkswirtschaft versprach ich mir, einen Zugang zur Geschichte unserer Wirtschaft und den damit verbundenen sozialen Errungenschaften und Problemen zu finden. Was waren die Bedingungen, die uns hierhergeführt haben? Was wurde übersehen? Was ist zu tun? Die Kommilitonen in Freiburg waren viel kritischer als die reichen Unternehmertöchter und -söhne in den BWL-Vorlesungen in München. Zudem war die Stadt kleiner und überschaubarer. Ich hatte gute Freunde dort – und meine kleine Familie, die mitzog.

Da ich mit zu viel Theorie meine Schwierigkeiten habe, absolvierte ich während des Studiums einige Praktika, um Neues zu erkunden und um mich körperlich zu betätigen. Etwa in einer Käserei, in einer Brauerei und in verschiedenen Wirtschaftsunternehmen. Das hört sich nach 24-Stunden-Stakkato an, blicke ich jetzt, wo ich das schreibe, zurück. Aber zu dieser Zeit brannte ich. Ich war voller Tatendrang und fand es cool, vor der Vorlesung bereits Würste gebunden zu haben. Und mit drei kleinen Kindern (Sophie kam im Mai 1987 zur Welt) muss man ohnehin früh aufstehen. Dennoch gab es auch freie Zeit: Wir luden Freunde ein, feierten, rauchten Haschisch und genossen das unbeschwerte Leben.

1988 war ich mit dem Studium fertig und wollte gerade eine Assistentenstelle an der Uni annehmen und promovieren, da kamen die drängenden Anrufe meines Vaters. In Herrmannsdorf stand die Vermarktung der Produkte an. Damit lockte er mich nach Hause. Meine Frau hatte nichts dagegen, nach Bayern zurückzukehren. Im Gegenteil. Sie stammte aus der Nähe von Traunstein und war sehr mit der bayerischen Landschaft und den Menschen dort verbunden. Also zogen wir nach Sonnenhausen und schlugen dort im Juli 1988 unsere Zelte auf.

Werbung für Herrmannsdorfer von Hans-Georg Kortmann 1992

Zwei Monate später stand bereits die erste Verkaufseinrichtung. Denn abgesehen von der Direkt-Lieferung an etwa 20 Privatkunden gab es keinen Hofladen. Alles war sehr provisorisch, weil wir mit dem Bebauungsplan noch mitten im Genehmigungsverfahren steckten. Es durfte kein fester Laden sein. Also:

»fliegende Bauten«, die sich schnell wieder entfernen ließen. Die Lösung war eine Verkaufswagenburg: ein Bauwagen mit Kühlaggregat für Fleisch, Wurst, Käse und einer kleinen Umkleide für die Verkäufer. Ein Verkaufsanhänger mit Klappe – weiß, hellblau und hellgrün gestrichen. In edlen Lettern stand da: »Lebens-Mittel aus ökologischem Anbau und artgerechter Tierhaltung«. Der Bindestrich wurde Programm: Lebens-Mittel, also Mittel zum Leben. Ich arbeitete selbst hinter dem Tresen und öffnete zwei Mal die Woche die Klappe. Als es im November bitterkalt wurde – was hab ich gebibbert! –, zogen wir ein Glashaus um den Wagen. Drei Mal pro Woche – später fünf Mal – von Dienstag bis Samstag waren wir für unsere Kunden da.

In München kam der erste Verkaufsstand am Pasinger Viktualienmarkt dazu, und ab 1990 begann ich ein Botschafterinnen-Netzwerk aufzubauen. Kooperationen sind ist ein fantastisches Kundenbindungsinstrument. Das sollte ich sechs Jahre später auch in Japan erleben. Damals in Herrmannsdorf allerdings musste erst einmal der Fehler ausgeglichen werden, dass man sich zunächst nur um die Produktion und nicht gleichzeitig auch um die Vermarktung gekümmert hatte. Allein die Kühe produzierten 1000 Liter Milch am Tag. Die Ware musste an den Mann und die Frau gebracht werden. Jahrelang waren wir mit dem Absatz der Produktion hinterhergelaufen. Im Verdrängungswettbewerb ist das fatal.

Die Botschafterinnen waren vor allem Frauen mit Kindern, die sehr an einer ökologischen Ernährung interessiert waren. Wir waren mit dem Kühlwagen unterwegs und lieferten ihnen in grünen Kisten die Lebensmittel, die sie bestellt hatten, in ihre Garage. Von dort aus wurden sie an die Kundschaft verteilt. 30 Depots hatten wir. Die Botschafterinnen erhielten eine Provision, und wir sparten uns den Laden, den wir wegen der fehlenden Genehmigung auch noch gar nicht bauen konnten. Erst

1990 entstand er in der alten Wagenremise in Herrmannsdorf. Ein Jahr vorher hatten wir das Bio-Handelshaus »Dennree« als Abnehmer für unseren Rohmilchcamembert gewonnen, der natürlich auch im 1991 eröffneten Bio-Restaurant »Schweinsbräu« auf der Karte stand.

Einen Vertrieb aufzubauen und die Absatzmöglichkeiten zu erweitern war alles andere als leicht. Zumal es im Hintergrund brodelte und gärte, auch im wahrsten Sinn des Wortes. Bei der Salami- und Käseverarbeitung hatten wir Probleme mit der Naturreifung und konnten ganze Produktionen wegwerfen. Die Kartoffeln soffen ab, weil der Boden zu schwer war, und das Getreide wuchs mehr schlecht als recht. Es gab Streit zwischen den Mitarbeitern in den einzelnen Werkstätten. Sie wollten die Welt als Gemeinschaft neu erschaffen und fanden meinen Vater und mich »mit unseren Zahlen im Kopf« doof. Wir hatten einen Führungskreis gegründet, in dem alle alles sagen konnten. Aber die Basisdemokratie funktionierte nur begrenzt. Manche nahmen mehr Mitbestimmungsrecht für sich in Anspruch, als es ihrer Verantwortungsbereitschaft im Betrieb entsprach. Es gab Ärger. Jeder Tag hielt neue Probleme bereit. Das war sehr anstrengend, und die Ergebnisse in den einzelnen Bereichen waren mager.

Zeitweise arbeitete ich sieben Tage die Woche. Immer unter Druck. Zusätzlich empfing ich Journalisten, die das »tolle Projekt Herrmannsdorf« sehen wollten, und wir stellten alle möglichen Experimente an: Ob sich mit den von John Wilkes entwickelten Virbela-Schalen, die Wasserverwirbelungen von Bachläufen nachempfanden, die Oberflächenspannung des Wassers erhöhen ließ? Das testeten wir, um damit den Geschmack des Biers, das wir brauten, des Käses, des Brots und der Wurst zu verbessern. Weil wir saubere Energie gewinnen wollten, bauten wir ein Windrad, den ersten Horizontalflügler. Dessen Rotorblätter saßen horizontal am Rumpf und machten ihn so instabil, dass er uns fast um die Ohren geflogen wäre. Der nach dem Modell von Alex Stolba umgesetzte Familienstall für Schweine funktionierte wenigstens, so auch die erste Biogas-Anlage, die wir 1990 in Betrieb nahmen. Sie wandelte organische Abfälle aus Landwirtschaft und den Lebensmittelwerkstätten in Energie um. Schlachtabfälle, Schweinemist, Gülle, Trester aus der Brauerei, Spelzen, Stroh und organische Abfälle aus dem Restaurant. Das bei diesem Prozess entstehende Gas, das hauptsächlich aus Methan besteht, wurde und wird in Gasmotoren verbrannt und in elektrischen Strom und Wärme bei sehr hohem Wirkungsgrad umgesetzt, also mit sehr wenig Energieverlusten.

Das war damals sehr innovativ. Was jedoch in der Zwischenzeit auf diesem Gebiet passiert ist, das halte ich für völlig verkehrt: 30 Prozent der Ackerflächen in Bayern sind zu Energie-Produktionsflächen umfunktioniert worden. Damit steigen die Preise für die Lebensmittel, und der Anbau ist nicht ökologisch. Mit »Bio« hat heute eine große Biogasanlage nichts mehr zu tun. Energiegewinnung darf nie in Konkurrenz zur Nahrungsmittelproduktion stehen. Außerdem tritt am Befüllstutzen der Anlagen oft das Methan aus, das Gas ist neun Mal klimaschädlicher als CO_2. Ganz zu schweigen vom Lachgas, das beim Intensiv-Maisanbau entsteht. Besser sind kleine Biogasanlagen in Betrieben, die Abfälle in Energie umwandeln. Oder Energie, die aus kostenlosen erneuerbaren Quellen gewonnen wird, etwa aus Sonne, Wind oder Wasser, und deren Nutzung die ökologischen Kreisläufe nicht verändert. Unterm Strich bin ich für alles, was nicht zu Lasten der Natur geht und was keinen Marktpreis hat. Sonne, Wind und Erdwärme sind gratis. Also Augen auf, auch beim Öko-Strom und bei sogenannter alternativer Energie. Hier gilt ebenfalls zu hinterfragen: Wie funktioniert das genau? Welche ökologischen Konsequenzen hat das?

Über die Konsequenzen, die die viele Arbeit in Herrmannsdorf hatte, machte ich mir keine Gedanken. Ich hatte nahezu Scheuklappen entwickelt. Für die Bedürfnisse und Nöte meiner Familie, meiner Frau und der drei Kinder hatte ich kein Auge und Ohr mehr. Ich war so aufgesogen vom Geschäft, den ganzen Wirren. Jahrelang machten wir Verluste. Wenn das so bleibt, dachte ich, dann hilft auch das ganze Geld nichts mehr. Fünf Jahre dauerte es, bis sich erste Erfolge einstellten. Funktionierende Vorbilder gab es nicht. Wir versuchten es nach der Methode »Trial and Error« und merkten, dass zu viele Köche den Brei verderben können. Gleichzeitig wussten wir: Gemeinsam ist man stärker als allein. Die richtige Balance musste mühsam gefunden werden. Auch die Erkenntnis: Fang beim Kunden an! Er ist bei der Vermarktung das Nadelöhr und verdient die größte Aufmerksamkeit. Wer das nicht beachtet, bleibt auf den liebevoll produzierten Waren sitzen.

Doch der Kraftakt war es wert: Herrmannsdorf floriert heute mehr denn je, und die Erfahrungen, die ich dort sammeln konnte, haben mir beim Aufbau meiner weiteren Unternehmen sehr geholfen. Auch die Zusammenarbeit mit dem Werbefachmann und Freund Hans-Georg Kortmann. Getreu seiner Erfolgsformel »Putting more than one thing together« erfanden er und ich zum Beispiel die Kette um den Hals des Schweins, es ziert bis heute das Logo unseres Öko-Restaurants »Schweinsbräu« und jede Flasche Schweinsbräu. Oder wir ließen in die Werbung die geografischen Koordinaten der Region – 48 Grad Nord und 12 Grad Ost – einfließen. Das war vor 20 Jahren, lange bevor jeder über Regionalität sprach.

Mein Vater vertrat die Devise: »Was gut ist, muss teuer sein.« Mit meiner Idee, Bio-Lebensmittel nicht nur über die Botschafterinnen und die mittlerweile drei Läden von Herrmannsdorf und einige Bio-Märkte zu vertreiben, sondern auf breiterer Basis in kleinen »Supermärkten« anzubieten, stieß ich bei ihm auf wenig Gegenliebe. So kam es, dass ich 1993 als Geschäftsführer ausschied. Beim Wandern im bayerischen Voralpenland fassten mein Vater und ich diesen Entschluss und lagen uns dann weinend in den Armen.

Aber jetzt war ich frei, meinen eigenen Traum zu verwirklichen. Ich wollte eine Antwort auf die Frage finden: Wie konnte man Bio-Lebensmittel noch besser vermarkten? Mein Bruder übernahm die Geschäfte. Meine Frau und ich hatten uns bereits 1992 getrennt.

Ich beschloss, erst einmal auf Recherchereise zu gehen. Schweren Herzens zwar, denn es bedeutete auch, dass ich meine drei zwischen sechs und elf Jahre alten Kinder monatelang nicht zu Gesicht bekommen würde. Auf der anderen Seite musste ich meinen eigenen Weg finden.

»BASIC – BIO FÜR ALLE«

Studienreisen

Mit einem alten, ausgebeulten Alukoffer flog ich Anfang Februar 1994 zuerst einmal zu Freunden nach Tokio, zu Magdalena und Kazuo Iwamura. Nachdem ich jahrelang rund um die Uhr für die Firma da gewesen war, freute ich mich auf die bevorstehende Auszeit. Oder sagen wir Studierzeit. Denn für Japan lautete mein Plan, drei Monate bei der Konsumentenkooperative Seikatsu Club Seikyo in Yokohama zu arbeiten. Ich war begeistert von der Idee eines Systems, bei dem der Konsum nicht beliebig ist, sondern bei dem sich viele »Verbraucher« einem Produzenten anschlossen. Mit dem Ziel der langfristigen Absatz- und Versorgungssicherheit für alle.

Eine Freundin der Familie, die Fotografin Ursula Schulz-Dornburg, hatte mir den Tipp mit der japanischen Kooperative gegeben. Bei der Lektüre einer Zeitschrift stieß sie auf das Handelsunternehmen, das in einer einzigartigen Weise die Kunden am Kapital beteiligte, Werte schuf und zur Entwicklung einer integrierten Gesellschaft beitrug. Dafür hatte die »Lebens-Club-Konsumentenkooperative« den Alternativen Nobelpreis bekommen. Außerdem war Japan Öko-Vorreiter, was wir in Europa gar nicht wahrgenommen hatten. Bereits zu Beginn der 70er-Jahre formierte sich hier die Initiative »Japan Organic Agriculture Association« (JOAA), vorangetrieben durch die Folgen der hastigen Industrialisierung mit all ihren negativen

Toshihiro Imai, genannt Imai-Sensei, Mentor der Handwerkskunst, 1995

Auswirkungen auf die Umwelt und die Minamata-Krankheit – eine durch giftige Abwässer verursachte chronische Quecksilbervergiftung mit dramatischen Auswirkungen. Durch den Verzehr von quecksilberverseuchtem Fisch und Algen starben 3000 Menschen und es gab schätzungsweise 17 000 Geschädigte. Der Begriff *Minamata disease* steht heute für die Laxheit, Ignoranz und Arroganz von Chemieunternehmen und Behörden, die das Problem zwei Jahre systematisch unter den Teppich gekehrt hatten. Das war Mitte der 50er-Jahre. Der Umgang mit der Atomkatastrophe in Fukushima im vergangenen Jahr hat ein wenig daran erinnert.

Auf meine Anfrage bei Seikatsu Club Seikyo 1994 antwortete mir der Verantwortliche für »International Relationship« sofort: »We love to have you here.« Toll organisiert, dachte ich beein-

Japanisches Bauernhaus im Winter, mit Kakibaum voller Früchte

druckt. Und das war noch nicht alles: Als ich mit dem Zug eng gequetscht mit Tausenden anderer Japanern, von Tokio nach Yokohama fuhr und zum vereinbarten Zeitpunkt in der offenen Lobby der Zentrale ankam, traf ich da eine rundliche Japanerin mittleren Alters an. Sie – so sagte sie mir auf Englisch – wäre meine Patin und solle mir zum Einstieg alles zeigen: das Verteilerlager, die Shops und Lieferanten. Dafür revanchierte ich mich bei der Kooperative mit einem Vortrag über deutschen Bio-Landbau, von denen ich in Japan noch einige halten sollte; bei kleinen Privat-Zusammenkünften ebenso wie bei Organisationen.

80 000 Mitglieder versorgte die Kooperative mit ökologischen Lebensmitteln. Über Komitees arbeitete jedes Club-Mitglied mit. So war über die Jahre ein eindrucksvolles Netzwerk an gegenseitiger Unterstützung und Weiterbildung entstanden.

Jeder arbeitete für das große Ganze als kleiner Teil davon. Viele, wie ich, im Verteilerlager.

Es war erstaunlich, wie die Menschen dort bereits 1994 mit einer Leichtigkeit mit dem Computer umgingen und wie die Warenlogistik schnurrte. Selbst für diejenigen, die nur einmal im Monat Zeit hatten zu helfen. Kleine rote Lämpchen zeigten ihnen zum Beispiel, welche Produkte in die Abo-Kiste gehörten. Natürlich beeindruckte mich auch die landestypische Loyalität, die hinter diesem System steckte. Die Japaner waren geduldiger und meckerten nicht so schnell. War bei uns in Herrmannsdorf am Anfang der Schinken auseinandergefallen, der Braten zu mager oder wurde mal ein Produkt vergessen, oh je! Die unterschiedlichen Mentalitäten von Deutschen und Japanern wurden hier spürbar.

Allerdings waren die Mitglieder des Seikatsu Club Seikyo auch nicht alle glücklich. Die tollen Frauen, die da arbeiteten, kämpften für eine bessere Welt, während ihre Männer sie zerstörten. Bei »Toshiba«, »Mitsubishi«, vielleicht »Tepco« oder wo immer sie tätig waren. »Wir empfinden uns als Reparaturbetrieb nach dem Motto: Wir retten, was zu retten ist«, sagten einige frustriert.

Japaner sind große Traditionalisten. Auf meinen Reisen mit Toshihiro Imai konnte ich das immer wieder erleben. Jahrzehntelang hatte er japanischen Kaufhausketten wie »Isetan« oder »Mitsukoshi« geholfen, sich zu verwestlichen, indem er die europäischen und US-amerikanischen Erfolgsmuster im Einzelhandel auf den heimischen übertrug. Bis er erkannte: Ich gefährde damit die Wurzeln meiner eigenen Kultur! Beim Fasten – ähnlich wie mein Vater – hatte er die Eingebung, auf dem falschen Weg zu sein. Er machte kehrt und wurde zum Bewahrer der japanischen Handwerkskunst. Dafür flog oder reiste Toshihiro Imai bis in die letzten Winkel Nippons auf der Suche nach alten Handwerksmeistern und jungen Handwerkern, die sich der japanischen Tradition verpflichtet hatten. Für diese Künstler, die teilweise als »nationale Denkmäler« verehrt wurden, organisierte er Ausstellungen und veröffentlichte Porträts in Zeitschriften, Tages- und Wochenzeitungen. In seinen Artikeln dokumentierte er *Kabe*, die Kunst des japanischen Lehmputzes, alte Töpfer-Verfahren, die Herstellung und Färbung von Naturtextilien und die Arbeit von Architekten, die Häuser aus extrem festem Bambus zimmerten oder aus Holz ohne Stahlschrauben. Der ehemalige »Einzelhandelskönig« kümmerte sich um das Marketing und schuf so für aussterbende Zünfte einen Marktplatz. Ganz im Sinne von »trade not aid« – ein Begriff, den die Gründerin der »Ethnokosmetik«-Läden »The Body Shop«, Anita Roddick, 1987 prägte.

Sie hatte ich 1992 bei der Gründung des Social Venture Network Europe (SVNE) in Amsterdam kennengelernt, zu einer Zeit, als sie bereits viele Umwelt- und Sozialpreise dafür bekommen hatte, dass sie die Inhaltsstoffe für ihre Cremes, Shampoos und Lotionen direkt bei Kooperativen und Kleinbauern in der Dritten Welt einkaufte und deren alte Rezepturen verwendete. Mit diesem Schritt löste die lebensfrohe und streitbare Britin, die mir sogar die Leitung ihrer Projekte in Südamerika anbot (aber das ist eine andere Geschichte), ein neues Bewusstsein innerhalb des Handels aus. Zertifiziert durch die Einführung des »Fairtrade«-Siegels 1992 mit dem Ziel, sozial gerechtere Handelsbedingungen in Dritte-Welt-Ländern zu schaffen, inklusive strenger Umweltkriterien. Die inländischen Bio-Zertifikate »Bioland«, »demeter«, »Biokreis« etc. gab es zu diesem Zeitpunkt bereits.

Toshihiro Imai gehörte zum Bekanntenkreis von Magdalena und Kazuo, einem der bekanntesten Öko-Architekten und Architekturprofessoren Japans. Bei ihnen wohnte ich in Tokio, und als ich Magdalena zu einer Kimono-Ausstellung begleitete, stellte sie mir den Impresario Imai vor – einen Endfünfziger mit schwarzer Brille und erdfarbenem Seidenschal um den Hals. Umgeben von farbenprächtigen Kimonos auf Holzgestellen kommunizierten wir mit Händen und Füßen. Imais Englisch war alles andere als flüssig, dennoch verstanden wir uns ohne viele Worte bestens. Ich merkte sofort, dass dieser kleine, freundliche Mann ein besonderer Mensch war und wir auf der gleichen Werte-Wellenlänge lagen.

Die Klarheit und unübertroffene Perfektion der japanischen Handwerkskunst, vor allem aber ihre Schönheit, hatten mich schon immer fasziniert. So sehr, dass ich während meines VWL-Studiums auf Anregung des Schwarzwälder Zimmermanns Wolfram Graubner, des Assistenten des Sinnesforschers und Philosophen Hugo Kükelhaus, an einem *Kabe*-Kurs in Stuttgart teilgenommen hatte. *Kabe* ist eine Glanzputztechnik aus Lehm, weißem Marmormehl und Pigmenten, die Wände wie eine große, glänzende Fliese aussehen lässt; angewandt in allen wichtigen Tempeln Kyotos.

Aus Respekt vor seinem Alter und seinen Leistungen nannten alle, die Toshihiro Imai kannten, ihn *Sensei* (zu deutsch: Meister) und bewunderten ihn von ganzem Herzen. Sensei lud mich ein, ihm zu folgen. Ich stand nicht unter Druck, ich hatte keine Firma zu leiten. Und so begleitete ich ihn die nächsten zwei Jahre auf vielen seiner Reisen. Eine sehr lehrreiche und wohl die exotischste Zeit meines Lebens, in der wir – er mein Meister, ich sein Schüler und sein Beschützer – auf Wanderschaft in Japan gingen. Sensei war etwas wackelig auf den Beinen, was ihn nicht davon abhielt, in den entlegensten Winkeln des Landes nach Handwerkskünstlern zu suchen. Diese lebten in kleinen Häuschen und Wohnungen, bescheiden und einfach. Weit entfernt von dem reduzierten Bauhaus-Stil, den Künstler und Design-Liebhaber hierzulande pflegen. Für sie lag das Wesentliche woanders: in der Kunst, in der Natur, im freundlichen, respektvollen Miteinander. Jeder zieht zum Beispiel nach dem

Betreten eines Hauses die Schuhe aus und schlüpft in ein Paar Hausschuhe, die oft in einem lebendigen Durcheinander auf dem gefliesten Boden neben der Tür liegen.

Nach einer kurzen Begrüßung trat Sensei dann meist sofort auf das Material zu und befühlte es. Anschließend kam er in seiner ruhigen Art mit dem Künstler ins Gespräch. Er fragte, wie es ginge, hörte sich seine Geschichte an und erkundigte sich nach der Technik, der Besonderheit seiner Arbeit. Das waren unbeschreibliche Augenblicke. Häufig hatte ich das Gefühl, hier an einem Ort angekommen zu sein, wo noch die letzte Wahrhaftigkeit regierte. Wo Leute es geschafft hatten, sich Marktzwängen zu entziehen. Natürlich hatten auch sie ihre Sorgen und lebten nicht in einem Garten Eden. Doch sie machten etwas bewusst anders, ließen sich nicht verführen und reproduzierten nicht, was alle anderen machen. Sie waren echt, authentisch.

Da es in diesen Regionen oft keine Hotels gab, übernachteten wir meist bei diesen gastfreundlichen Leuten oder bei Bauern in der Nachbarschaft. Auf Futons, die aus einem Wandschrank genommen und auf die Tatami-Matten am Boden gelegt wurden. Die Männer in einem Raum, die Frauen im anderen. Wie die Ölsardinen in der Büchse, und manchmal trunken von zu viel Bier. Es waren oft sehr unterhaltsame und interessante Abende, an denen man sich näherkam.

Japaner sind wissbegierig. Es ist üblich, mit weißen kleinen Suzuki-Bussen in kleinen Gruppen zu reisen. Wir waren ein ständig wechselndes Völkchen aus befreundeten Künstlern, Textildesignern, Öko-Bauern oder Managern großer Kaufhausketten, in deren Kaufhäusern Sensei viele seiner Ausstellungen veranstaltete.

Für die körperliche Hygiene nahm man meist gemeinsam ein Bad – zwei bis zehn Mann, je nachdem, wie groß das Badehäuschen, das *Ofuro* des jeweiligen Hauses, war. Verteufelte 40 Grad und mehr war das Wasser heiß. Nach einer Dusche gehörte ein

Bad abends vor dem Zu-Bett-Gehen zum täglichen Ritual. In den alten Bauernhäusern gab es keine Heizungen, da war diese »Wärmequelle« gerade im Winter wunderbar und überlebenswichtig. Beim Essen sorgten entweder nach der traditionellen Methode heiße Kohlen in einem Eisenkorb unter dem Tisch oder auch kleine Elektroöfchen für warme Füße und Beine.

In den Städten gibt es öffentliche Badeanstalten, sogenannte *Onzen*. Diese werden häufig von einer heißen Quelle gespeist und lassen einen – im Wasser hockend mit einem nassen Handtuch auf dem Kopf – zumeist in einen Zen-Garten blicken. Japaner lieben diesen Mikro-Kosmos aus Steinen, Hügeln und Pflanzen, der eine weit entfernte Meeresbucht andeutet, umringt von Bergen, während an Land »riesige« japanische Pinien und Eichen wachsen. Natur göttlich zu überhöhen ist der Kultur und Kunst Japans eigen. Deswegen ist sie so besonders. Das Göttliche ist in den Augen der Japaner immer perfekt. Diese Auffassung erklärt vielleicht auch, warum japanische Handwerkskünstler so viel Zeit und Ausdauer in die Schaffung ihrer Werke investieren. Und die japanische Natur mit ihren endlosen Landschaften außerhalb der hektischen und engen Städte ist sehr berührend. Sie strahlt eine ganz besondere Ruhe und Harmonie aus.

Natürlich kam ich durch diese Reisen meiner Idee, neue Wege für den Handel zu ergründen, nur unbewusst näher. Neuorientierungen im Leben sind oft mit Umwegen verbunden. Manchmal scheinen sie gar ein Weg zurück zu sein. Und auch wenn man sich dagegen wehrt, entwickelt sich das »Neue« meist aus alten Erfahrungen, die sich mit neuen Erkenntnissen verbinden. So wie damals, als ich mit Sensei vermeintlich alten Herrmannsdorfer Themen nachging: dem Handwerk und der nachhaltigen Landwirtschaft. Wir waren nicht nur auf der Suche nach altem Handwerk, wofür wir unsere Recherchen über Japan hinaus auf die indonesische Hauptstadt Jakarta ausdehnten, auf Laos, Nordthailand und Indien, sondern wir nahmen auch die Landwirtschaft unter die Lupe. Außerdem begleitete ich meine neue Freundin, die Textildesignerin Chiaki Maki, zu ihren »Workshops« nach Neu-Delhi. Chiaki war eine lebhafte junge Frau aus Tokio, die wegen ihres dunkleren Teints eher malayisch oder indonesisch wirkte. Sie hatte an der Rhode Island School im US-amerikanischen Providence Design studiert und in Akiruno, 50 Kilometer von Tokio entfernt, ihr Studio. Hier »finisht« sie in einem alten Bauernhaus farbige Tücher, Schals, Kissen und Dekorationsartikel. Insbesondere aus Tassar-Seide. Bei dieser »Wildseide« wird der Seidenfaden erst aus dem Kokon gehaspelt, nachdem der Falter geschlüpft und ausgeflogen ist. Er wird bei dieser Art der Seidenverarbeitung nicht getötet. Wieder eine Alternative, die zeigt, dass es auch anders geht. Dass man schöne, handgemachte Seidentextilien im Einklang mit der Natur und mit Rücksicht auf ihre Erzeuger-Geschöpfe herstellen kann.

Natur und Artenvielfalt Südostasiens sind von einer unbeschreiblichen Fülle. Alle Tiere und Pflanzen sind hier weitaus größer und bunter. Die Bäume, Reisfelder und Ranken haben ein sattes Grün, das nur ein subtropisches Klima dem Boden zu entlocken vermag. Grenzmarkierungen verschwinden, wenn Tapiokazäune während der Regenzeit Wurzeln schlagen und Blüten treiben. Mauern werden moosgrün. Viele Landstriche wirkten wie unberührt, und die Landwirtschaft war beeindruckend schlicht, fast biblisch. Mit kleinen Maschinen bearbeiteten Bauern große Felder. Während in Deutschland zur gleichen Zeit das maschinelle Wettrüsten unter den Landwirten begonnen hatte.

In Laos allerdings trog der Schein. Die Idylle, in der sich Wasserbüffel friedlich in Bächen neben saftig grünen Reisfeldern badeten, flankiert von Urwaldriesen, wurde vielerorts durch das unbarmherzige Kreischen der Motorsägen unterbrochen.

Das Kernland im Herzen Südostasiens war zu 50 Prozent bewaldet und Teakholz damals der neue Hype auf den Terrassen und Balkonen der Ersten Welt. Ohne auf die Folgen zu schauen. Durch die Abholzung geht nicht nur CO_2-Speicher verloren, Tier- und Pflanzenarten sind vom Aussterben bedroht – es senkte sich in manchen Gegenden sogar der Grundwasserspiegel und führte zu Trinkwasserproblemen. Trotzdem werden auch heute noch in Laos und Kambodscha Tausende von Hektar Regenwald gefällt; weltweit sind es unglaubliche 13 Millionen Hektar im Jahr.

Wie Kriegsgewinnler stiegen bereits 1994, als ich zusammen mit Sensei das erste Mal in Luang Prabang war – Unesco-Weltkulturerbe und mit seinen orange gekleideten Mönchen eine der schönsten Städte Südostasiens –, chinesische Handelsvertreter dort ab. In den hässlichen, chinesischen Hotels am Rande der Stadt. Dass der Mekong Laos von Natur aus fruchtbares Schwemmland beschert, kümmerte sie wenig. Sie verkauften den Bauern Dünger, Pestizide und Maschinen, um den durch Rodung neu gewonnenen Boden ertragreicher zu machen. Daneben donnerten die Baumstamm-Transporter durch die Dörfer und überzogen sie mit rotem Sand, aufgewirbelt vom Boden der unbefestigten Straßen. Es ist so leicht, die Ernte von Hunderten von Jahren Wachsen und Werden mit der Motorsäge in wenigen Stunden einzufahren, wenn niemand einschreitet. Und die Natur ist erst mal unfähig, sich zu wehren. Anfangs. Revanchiert sie sich, ist es für die Urwaldriesen zu spät. Heute bedrohen riesige Staudammprojekte die Dörfer und Städte am Mekong. Betroffen ist womöglich auch der wunderbare alte Tempelbezirk Wat Phou an der südlichen laotischen Grenze bei Pakse, der noch älter ist als Angkor Wat in Kambodscha.

Die Wirtschaft beruhigt bei diesem Poker alle, indem sie sagt: »Volkswirtschaften werden immer ›sauberer‹, je stärker sie sich entwickeln.« Sie kalkuliert Raubbau an der Natur als normale Größe ein und argumentiert: »Ist ein gewisses Niveau an Wohlstand erreicht, wird Ökologie ein Thema, dann können wir uns das leisten.« Aber diese Rechnung geht nicht auf. Hinzu kommen noch die Gier und Prestigesucht der Politiker, und am Ende steht die Bevölkerung dafür gerade. Das war immer so, schon in den Zeiten vor der Finanzkrise, trotz allen neoliberalen Getöses, das wir uns über Jahre und Jahrzehnte anhören mussten. Eine Erkenntnis, die Walter Eucken bereits 1948 im Vorwort für den ersten Band von ›Ordo. Jahrbuch für die Ordnung von Wirtschaft und Gesellschaft‹ formuliert hat: »Ob wenig oder mehr Staatstätigkeit – diese Frage geht am wesentlichen vorbei. Es handelt sich nicht um ein quantitatives, sondern um ein qualitatives Problem. Der Staat soll weder den Wirtschaftsprozeß zu steuern versuchen, noch die Wirtschaft sich selbst überlassen: Staatliche Planung der Formen – ja; staatliche Planung und Lenkung des Wirtschaftsprozesses – nein …«, meinte Euken. Und forderte: Den Unterschied von Form und Prozess zu erkennen und danach zu handeln. Nur so könne erreicht werden, dass nicht eine kleine Minderheit, sondern alle Bürger über den Preismechanismus die Wirtschaft lenkten. Die einzige Wirtschaftsordnung, in der dies möglich wäre, war seiner Meinung die des »vollständigen Wettbewerbs«. Dazu müssten allen Marktteilnehmern die Werkzeuge genommen werden, die Spielregeln des Marktes zu verändern. Dann könne der Staat die Marktform, das heißt die Spielregeln festlegen, in denen gewirtschaftet wird, so Eucken.

Auch unsere Umwelt ist Teil des Gemeineigentums: der Boden, aus dem wir – ob in Südostasien oder hierzulande – unsere Nahrung ziehen, der unsere Tiere nährt, die Luft, die wir atmen, das Wasser, das wir trinken, die Natur, die uns umgibt. Sie ist nach wie vor ein großer Selbstbedienungsladen – abgesehen von ein paar Naturschutzgebieten. Nach wie vor machen viele Unternehmer und Nationen damit, was sie wollen.

Welche verheerenden Folgen wirtschaftliches Laissez-faire hat, kann man nicht nur bei uns, sondern überall auf der Welt beobachten. Ich sah es selbst, zum Beispiel am Aralsee in Zentralasien. Er ist fast ausgetrocknet. Er war einmal einer der größten Binnenseen der Erde. In der Sowjetära wurde ihm und damit der Fischerei des mittleren Orients buchstäblich das Wasser abgegraben, durch unendliche Bewässerungskanäle für Baumwollfelder. Die einst riesigen Zuflüsse – der Amu Darya von Süden und der Syr Darya vom Osten – tragen heute keinen einzigen Liter Wasser mehr bis in den Aralsee. Sie versiegen Hunderte Kilometer vorher. Es war ein Schock, diese einstige Kulturlandschaft so zerstört zu sehen. Die Baumwollgewinnung ist durch den hohen Salzgehalt des Amu Darya, der sich im künstlich bewässerten Boden nach und nach erhöhte, längst zum Erliegen gekommen, weil die Böden tot sind.

Grotesk. Solche Katastrophen lassen sich nur durch Öko-Engagement vermeiden, und indem das vorhandene Weltkapital in nachhaltige Investments fließt, indem wir in »grüne« Unternehmen und Geldanlagen investieren und so zu einem qualitativen Wachstum beitragen. »Die Grenzen des Wachstums hatten den Effekt, uns physikalische Grenzen des Erdsystems vor Augen zu führen, und den Nebeneffekt, uns aus der kulturellen Fixierung auf das rein quantitative Wirtschaftswachstum zu lösen«, zitiert die ›Frankfurter Allgemeine Sonntagszeitung‹ den Politikwissenschaftler und Umweltschützer Claus Leggewie in ihrem Beitrag »Die Logik des Immer Mehr«. Umweltsünden dürfen nicht ignoriert oder als »Kollateralschaden«, um den man sich später kümmert, geduldet werden. Auch wenn sie fern unserer Heimat geschehen.

Dass Fortschritt, Wachstum und Gemeinwohl nicht im Widerspruch stehen müssen, auch dafür gibt es Beispiele. »Da gibt es einen, den musst du unbedingt kennenlernen, Dr. Verghese Kurien, der hat viel gemacht für sein Land«, meinte Sensei, als wir gerade in einer Suppenküche Ramen, die japanische Nudelsuppe, schlürften. Es war nach dem Besuch bei Masanobu Fukuoka. Vorher flog ich allerdings zurück nach München. Ich wollte meine Kinder sehen: Ich hatte große Sehnsucht nach ihnen, und es war manchmal sehr schmerzhaft, von ihnen getrennt zu sein. Außerdem musste ich mir eine Bleibe suchen. Ich hatte ja keinen festen Wohnsitz mehr in Deutschland, wollte aber irgendwann wieder zurückkehren.

Ein schöner Zufall sollte mir bei der Suche behilflich sein. Über Ingrid Borate, eine Bekannte, die heute mit ihrem indischen Ehemann in Poona lebt, lernte ich die Filmemacher Marianne Rosenbaum und Gérard Samaan kennen. »Den Gérard musst du kennenlernen. Der hat immer so gute Ideen und einen guten Geist«, meinte Ingrid. Wenig später saßen wir bis halb drei Uhr morgens zusammen und sprachen über Politik, Film und Gérards Idee einer Filmbank, die einer Konsumentenkooperative glich. Auf der Treppe beim Abschied sagte ich noch: »Weißt du nicht zufällig eine kleine Wohnung hier in der Gegend?«. Und bald zog auch ich in das Haus in der Clemensstraße ein: in die freistehende Zwei-Zimmer-Wohnung unterm Dach; klein und fein. Meine neuen Nachbarn wurden nach der Rückkehr von meinen Reisen gute Freunde und öffneten mir ein kleines Türchen in die Film- und Fernsehwelt. Hatte ich doch beschlossen, meine Reiseerlebnisse – die guten Beispiele aus Landwirtschaft, ländlicher Entwicklung und Kultur – an die Menschen zu bringen. Das war nicht mein letzter Umweg, der über die Medienwelt, bevor ich die Idee »Bio für alle« umsetzte.

Als ich Gérard und Marianne begegnete, schrieben beide gerade an einem Drehbuch über die innere Qualität von Wasser. Sie fragten sich: Kann dieses Medium Informationen speichern? Lässt es sich dynamisieren? Welche Faktoren begünstigen eventuell eine Heilwirkung von Wasser? Ich berichtete ihnen von meinen Erfahrungen in Herrmannsdorf und stellte Kontakte zu John Wilkes und dem Ingenieur Wilfried Hacheney her, der mit »Wasserbelebungsmaschinen« experimentierte. Daraus entstand eine 45-minütige Dokumentation für das ZDF.

Während der Dreharbeiten meldete sich Sensei. Er konnte einen Kontakt zur höchsten indischen Agrarbehörde herstellen, und ich buchte einen Flug nach Delhi. Zuvor aber stand Weihnachten in Herrmannsdorf an. Mit meinen Kindern, mit Vater, seiner zweiten Frau Dorothee, meinem Bruder und meiner Schwester und deren Familien. Unser Vater hatte zum Shabu-Shabu geladen, ein japanisches Gericht aus dünnen Scheiben rohem Rindfleisch und einer Gemüse- und Kombubrühe, in der das Fleisch kurz gegart wird. Seit einer Japan-Reise meines Vaters kommt es alljährlich zu Weihnachten auf den Tisch. Neben vielen Neuigkeiten erzählte Karl, dass es in Herrmannsdorf eine Verkaufsstelle mehr gäbe, wie die Geschäfte liefen, welche Herausforderungen in der Landwirtschaft auf sie zukämen und welche Investitionen. Jeder berichtete, was im vergangenen Jahr passiert war, was er gelernt hätte und was gut und was schlecht gelaufen war. Alle hörten einander gern aufmerksam zu, denn die Gelegenheiten zum Austausch waren rar.

Ende Januar 1995 landete ich in Delhi, traf Sensei nachts in einem kleinen Hotel und flog mit ihm weiter nach Ahmedabad. Die Millionen-Metropole in West-Indien, im Bundesstaat Gujarat, war laut, dreckig, bunt und voller Gegensätze. Prunkpaläste aus der Mogulzeit gegenüber lollipopfarbenen Reklametafeln an verstaubten Hauswänden, Fahrräder, Mopeds mit ganzen Familien drauf, Müll, Unrat und mittendrin würdevolle Kühe – die Indern als heilig gelten. Sie liefern die Milch für das Ghee, das Butterschmalz zur Zubereitung von Speisen, Mist als Brennmaterial, Urin als Heilmittel und Milch für Lassis und den Gewürztee Chai, der überall getrunken wird.

Da das Treffen nachmittags stattfand, hatten wir Zeit, das Ashram des legendären Mahatma Gandhi zu besichtigen. 1915

Imai-Sensei mit Gérard

ließ sich Gandhi nach seiner Rückkehr aus Südafrika am Ufer des Sabarmati nieder und brach 15 Jahre später zu seinem Salzmarsch auf. Mit dieser Aktion protestierte er gegen die vom Britischen Empire auferlegte Salzsteuer und wollte nicht eher in das Ashram zurückkehren, bis Indien unabhängig wäre … (Das erlebte Gandhi nicht mehr. Er wurde 1948 von einem fanatischen Hindu ermordet.) Wieder hatte da ein großer Denker und Akteur in einer kleinen Hütte in der Natur gelebt. Asketisch möbliert: ein Kissen, eine Matte auf dem Boden, ein kleiner Tisch, eine Ablage, ein Bild. Für große Gedanken braucht es keinen Luxus, da reicht das Notwendigste, um sich wohl zu fühlen und um frei, groß und mutig zu sein.

Die Audienz beim früheren Landwirtschaftsberater des Ministerpräsidenten Rajiv Gandhi und seines Vorgängers war kurz. Dreißig Minuten empfing uns Dr. Verghese Kurien, ein freundlicher, älterer und sehr feiner Inder im schwarzen Stehkragen-Anzug. Anders als die »Grüne Revolution«, die unter der Regierung Indira Gandhi Mitte der 60er-Jahre ausgerufen wurde und auf Hochleistungslandwirtschaft setzte, ist er in die Annalen Indiens als Initiator der »White Revolution« eingegangen.

»The modern breeds, they are all primadonnas«, brachte er den Kern seiner These auf den Punkt. »Diese modernen Rassen sind alle Primadonnen.« Er meinte damit, dass Rassen wie die in den USA auf Milch-Höchstleistung gezüchteten Friesian-Holstein-Rinder den Indern die Nahrung wegfräßen. Zudem seien sie gesundheitlich anfällig. Das bedeutete, man musste nicht nur das Futter, sondern zusätzlich auch Geld für Medizin aufbringen, was sich die Bauern hier nicht leisten konnten. Das indische Rind dagegen begnügt sich mit trockenem Gras und vegetabilen »Abfällen«, die es überall findet. Es tritt also nicht in Nahrungskonkurrenz zum Menschen. Tatsächlich schaffte es Dr. Kurien, dass keine einzige Hochleistungskuh nach Indien geholt wurde. Er war überzeugt davon, dass diese Politik, die er seit Gründung der Milchbauern-Genossenschaft in Gujarat 1946 betrieben hatte, half, den Hunger in Indien zu bekämpfen. Schließlich ging er davon aus: Jeder Bauer hat ein bis zwei Kühe. Jede Kuh liefert ein bis drei Liter Milch am Tag. Erhält die Familie an Milchsammelstellen ein paar Rupien für ihre Milch, kann sie sich mit dem Geld andere Lebensmittel kaufen, die Wirtschaft springt an. Die Firma »Amul« und weitere große Molkereien hatten sich von seinem Rechenbeispiel überzeugen und über 10 000 kleine Milchannahmestellen im ganzen Land errichten lassen. Allein in Gujarat liefern heute über drei Millionen Bauern Milch an die Annahmestellen und besitzen über die Kooperative GCMMF (Gujarat Cooperative Milk Marketing Federation) die größte und modernste Molkerei in ganz Asien.

Ein großes Team von Tierärzten, deren Leistungen die Kooperative den Bauern gratis zur Verfügung stellt, hilft bei Krankheiten oder bei Problemen beim Kalben. Dr. Kurien meinte: »Die Ärzte genießen über die Jahre hinweg ein derart großes Vertrauen bei den Bauern, dass sie diese auch zu ›menschlichen‹ Angelegenheiten beraten und beispielsweise auch automatisch über Dinge wie über die Empfängnisverhütung aufklären, Zusammenhänge, die ja beim Tier ganz ähnlich ablaufen.«

Seine klare, einfache Redeweise und sein unprätentiöses Büro hatten mir sehr gut gefallen. Aber erst nach meinem Besuch wurde mir klar, wen ich da vor mir hatte. Dr. Kurien war ein berühmter Mann, der unter anderem 1989 den »World Food Price« erhalten hatte. Diese Auszeichnung erhalten Personen, die besondere Leistungen für die Verbesserung, die Qualität oder Verfügbarkeit von Lebensmitteln erbracht haben. Seine größte Leistung ist die nachhaltige Bekämpfung des Hungers in Indien.

Ein Ausflug in die Medienwelt

Als ich wieder zurück in München war, verfasste ich, um meine Reiseerlebnisse einem größeren Publikum zugänglich zu machen, zusammen mit Meinhard Prill ein Exposé für »Arte«. Der TV-Journalist hatte für die BR-Sendung ›Unter unserem Himmel‹ eine Doku über Herrmannsdorf gedreht. Seine intelligenten Fragen und seine feine Beobachtungsgabe waren mir im Gedächtnis geblieben. Gérard hatte uns sogar erlaubt, seine und Mariannes Firma »Nour-Film« für die Produktion zu nutzen. Der Sender reagierte nicht, nicht einmal mit einer Ablehnung. Ich war empört über so viel Arroganz. Meinhard und vor allem Gérard beschwichtigten mich. Im Mediengeschäft brauche man einen langen Atem. Man müsse viele Klinken putzen und die

Leute in entscheidenden Positionen anbetteln, die man kennt. Das gilt wahrscheinlich heute mehr denn je.

Gérard war 20 Jahre älter als ich. Er stammte aus dem syrischen Aleppo, war gelernter Schauspieler und wurde wegen seiner krausen Mähne in der Öffentlichkeit oft wiedererkannt. Starrten ihn Jugendliche in der U-Bahn an, fragte er nur lachend: »Gell, du kennst mich?« Gérard hatte Rollen in zwei, drei Kinderfilmserien, die er und seine Frau Marianne für das deutsche Fernsehen produziert hatten. Marianne hatte er in Prag auf der Filmhochschule kennengelernt. Die besondere Art der Filmemacherei der Tschechen hatte sie sehr geprägt. Gérard konnte viel lachen, war ein Unikum und voll Lebenserfahrung und positivem Denken. Ebenso wie Marianne. Durch ihre mit Peter Fonda, Cleo Kretschmer und Konstantin Wecker sehr erfolgreich verfilmte autobiografische Nachkriegsgeschichte ›Peppermint Frieden‹ hatte sie sich in der Szene einen Namen gemacht. Angestachelt durch Mariannes autobiografischen Erfolg wollte Gérard seine Flucht aus der syrischen Heimat ebenfalls verarbeiten. Als er eine Dokumentation über die libanesische Sängerin Fairuz in Syrien und im Libanon drehte, wollte er nach einem Co-Produzenten für seine Biografie suchen. Er bot mir an, ihn zu begleiten, um Erfahrungen in der Produktion zu sammeln. Wir reisten in Gérards Heimat, wo heute der Bürgerkrieg tobt.

Tatsächlich fand Gérard eine junge Produktionsgesellschaft in Damaskus, und schnell war sein Script ›Hinter den Horizonten des Paradieses‹ vom Film-Fonds Bayern gefördert. Marianne vermittelte mir liebenswürdigerweise einen Posten als Aufnahmeleiter bei der TV-Serie ›Forsthaus Falkenau‹. Auch dies, damit ich dazulernen konnte. Aber ich merkte bald, dass ich für die Filmerei nicht geschaffen war. Ich wollte wieder etwas Praktisches, etwas Eigenes machen, was mir wirklich Spaß machte und wo ich auch etwas zu melden hatte. Mit Wehmut dachte ich während dieser Zeit manchmal an die winterlichen Arbeitstreffen mit unseren Milchbauern in Herrmannsdorf zurück. Als es darum ging, wie man die Tiere gesund kriegt, wie Käse gelingt und wie ein artgerechter, kluger Stall gebaut werden kann. Im Filmgeschäft kam ich nicht weiter. Der Ruhm hielt sich in Grenzen, für die Einnahmen galt das erst recht.

Zunächst allerdings reiste ich im Auftrag der Schweisfurth-Stiftung nach China. In Hangzhou, der Sieben-Millionen-Stadt im Südosten Chinas, wollten wir an der Universität einen speziellen Lehrstuhl fördern. Auf der Grundlage der von dem Biophysiker Fritz-Alfred Popp entwickelten Methode, Photonen – also Lichtenergie – zu messen. Und zwar die, die Lebensmittel ausstrahlten, mit dem Ziel, die Lebendigkeit von Nahrung ermitteln zu können. Popp war überzeugt davon, dass Bio-Lebensmittel wesentlich mehr Photonen besaßen als konventionell angebautes Obst und Gemüse. Chang Ling, alias Charly, so hieß der chinesische Professor in Hangzhou, forschte auf dem Gebiet Akupunkturpunkte, Ley Lines und Photonen-Emission. Er hatte die Stiftung um Förderung seiner Arbeit gebeten, weil er seinen Landsleuten vor Augen führen wollte, dass die industriell hergestellten Lebensmittel, die sich gerade in China zu etablieren begannen, weniger wert wären. Und den Nachweis wollte er mit seiner Methode erbringen.

Jeder Chinese kochte damals zu Hause, alles frisch, die Zutaten auf dem Markt gekauft. Oftmals verkauften die Bauern dort ihre Produkte direkt von ihren Fahrrädern weg. Mit Kordeln festgezurrt, bogen sich auf den Gepäckträgern der Räder, zum Teil schwindelerregend hoch gestapelt, bis zu 20 Hühnerkäfige, halbe Schweine, Bohnen oder Tomaten in schweren Flechtkörben. Zeitgleich boten erste Supermärkte Tiefgefrorenes und Convenience-Nahrungsmittel an – Knabbersachen, Süßigkeiten. Allmählich wurde das Lebensmittelangebot durch die neue begehrenswerte Welt des Komforts verändert: zeitsparende Le-

In China unterwegs, Guilin

bensmittel, ohne Aufwand, im Handumdrehen zubereitet. Das gefiel den Menschen in China wie überall auf der Welt.

Bei Charlys Untersuchung sollten verschiedene Lebensmittelunternehmen einbezogen werden. Es gab Wartezeiten. Um sie zu verkürzen, zeigte mir Charly seinen Mikro- und Makrokosmos. Wir waren bei chinesischen Familien zum Essen eingeladen, die zu fünft auf 40 Quadratmetern lebten. Ich spielte mit seinen Studenten Fußball, radelte auf meinem Leih-Radl mit Millionen anderer Chinesen morgens durch die breiten Straßen zum Campus und reiste mit Charly durch China. Auf unserer Route lagen Harbin in der Mandschurei, die alte Kaiserstadt Xi'an, die »Stadt des Blütenduftwalds« Guilin, Guanscho im Süden und natürlich Peking mit dem Tian-Amen-Platz und dem Mao-Mausoleum. »Lenin hat sich besser gehalten«, kommentierte Charly trocken, als er vor dem mumifizierten Mao Zedong (1893–1976) stand, dessen Kopf knallorange und unnatürlich wirkte.

Mao war Geschichte, selbst wenn seine Politik die Grundlage für die Veränderung Chinas geschaffen hatte. Ich war froh, als wir wieder draußen an der frischen Luft waren, denn in dem vielbesuchten Mausoleum war die Luft sehr stickig. Vielleicht lag es aber auch an der erdrückenden Geschichte. Sechs Jahre vorher, am 4. Juni 1989, waren die Proteste hier auf dem Platz des himmlischen Friedens Ausgangspunkt eines durch das chinesische Militär ausgelösten Massakers über eine Woche, bei dem vermutlich 2700 Menschen starben und 7000 verletzt wurden. Charly, der Professor, war in der Kulturrevolution zum Arbeiten aufs Land geschickt worden. So ging die Kommunistische Partei mit Intellektuellen um, weil sie Angst vor ihrem kritischen Potenzial hatte.

Wie schon auf früheren Asienreisen beobachtet, war die Vergangenheit auch hier noch sehr präsent. Nicht nur wegen der Unterwürfigkeit der Chinesen, einer Folge der jahrzehntelangen Knechtung. Sondern zum Beispiel auch, wenn wir mit dem wild schaukelnden Taxi über eine dicke Schicht auf die Straße geschüttete Getreidehalme fuhren. Das war in der fruchtbaren Gegend um Xi'an. Auf diese Art und Weise wurde das Getreide gedroschen. Waren mehrere Autos und Lastwagen darüber hinweggholpert, hoben Hunderte von Bauern das Stroh mit Holzgabeln an und fegten mit einem Besen die Körner aus. Nostalgie pur – während in den Städten eine frenetische wirtschaftliche Freizügigkeit herrschte. Sie waren schwarz vom Rauch der Fabrikschlote, voller Smog, dreckig und überbevölkert. Ehemalige Bauern aus den nördlicheren und westlicheren Provinzen hausten als Wanderarbeiter in Pappkartons – auch bei Regen warteten sie stoisch auf Gelegenheitsjobs; das war in Guanscho. Es war menschenverachtend und erbärmlich, was die Kommunistische Partei zuließ. Sie bestimmte alles und hatte alles in der Hand. Die immense Arbeitsfreisetzung durch die beginnende Mechanisierung der Landwirtschaft und der Industrie nahm sie hin. Und damit eine gigantische Völkerwanderung von Nord nach Süd.

Gründungsfeuer

Mein Plan, diese Erfahrungen zu teilen, hatte sich zerschlagen. Meine Fernseh-Ambitionen hatte ich an den Nagel gehängt. So saß ich eines späten Sonntagmorgens im Juni 1996 im Garten meines Freundes Hermann Oswald in Grafing – vollkommen frei für neue Impulse. »Ossi« hatte ich kennengelernt, als er in Herrmannsdorf den neuen Hofmarkt für eine Architekturzeitschrift fotografierte. Wir waren Freunde geworden. Und der hagere Pragmatiker tingelte mittlerweile unter anderem als Messebauer durch die Lande.

Wir hatten im lichten Schatten eines Kirschbaums gefrühstückt und drehten uns gerade eine Gauloise, als Ossi plötzlich sagte: »Diese Frühstücksbüfetts in den Hotels sind so schrecklich, das Zeug kann man nicht essen.« Er war jemand, dem ein gutes Frühstück wichtiger war als das Hotelbett oder das Zimmer. »Für mich ist dann der ganze Tag im Eimer«, meinte er. »Außerdem nervt mich das ewige Reisen. Ich hab keine Lust mehr auf Messen – auf heute Frankfurt, morgen Berlin, Friedrichshafen – diesen Stress.«

Das konnte ich gut nachvollziehen, zumal Ossi eigentlich vom Theater kam und sozusagen kritischen Sozialismus getankt hatte. Er mochte Samuel Beckett und sah ihm sogar ähnlich. Er hatte mir Becketts letzten Roman ›Watt‹ geschenkt, ein wirres Stück über Macht und Untertan-Sein. Zwei Mal im Monat lud er zu Lesungen und zum Diskutieren in seine Denk-Werkstatt im Zentrum Grafings ein. Der Fokus war auf gesellschaftskritische Themen und ihre Vorreiter gerichtet, nach dem Motto: Wer hat was zu sagen in der Welt?

»Können wir nicht zusammen was machen?«, meinte er dann und schob von der Muße geküsst nach: »Einen Großhandel für ökologische Lebensmittel für Gastronomie und Hotellerie?«.

Ich fand die Idee super, und wenig später gründeten wir die »Epos GmbH«. Epos leitete sich nicht etwa vom altgriechischen Wort für Erzählung ab, sondern war eine Abkürzung für »Everything is possible«. Mein Freund Hans-Georg Kortmann hatte diesen Leitsatz geprägt. Um ihn als Firmenname nutzen zu können, holte ich nach seinem plötzlichen Tod in Cannes die Erlaubnis seiner Lebensgefährtin ein, die in Paris lebte. Nur Hans-Georg hatte diese Formulierung so verwendet, wie wir sie verstanden: »Alles ist möglich« bedeutete, man soll alles versuchen. Es steckt aber auch etwas Buddhistisches darin, denn in dem »möglich« steckt eben auch die Möglichkeit, dass man etwas nicht erreicht, dass man scheitert. »Everything is certain« gibt es nicht. Das Kürzel »Epos« passte gut zu dem, was wir planten – inklusive unserer guten Portion Idealismus. Schließlich peilten wir etwas bislang nicht Dagewesenes an: Statt Joghurt im 125-Gramm-Becher oder Wurst im SB-Pack wollten wir Joghurt und Quark im 5-Liter-Eimer liefern, Milch in großen Kannen, 10-Kilo-Säcke Reis, 20-Kilo-Säcke Penne-Nudeln, Marmelade in großen 2,5-Liter-Dosen, Schinken im Ganzen und halbe Schweine.

Am 1. Mai 1997 starteten wir unser Vorhaben: mieteten den Stall eines Bauernhofs in Nettelkofen bei Grafing als Lager, statteten ihn mit gebrauchten Kühlzellen aus und kauften einen weißen Lieferwagen. Hermann war ein echter Meister im Improvisieren, im Zusammenzimmern und Koordinieren. Bald hatten wir die wichtigsten Bio-Lieferanten im Boot. Die Kunden-Akquise aber war alles andere als einfach: einen Küchenchef, der ein Budget von cirka 3,50 DM pro Kopf und Mittagessen hatte, dazu zu bringen, dass er auf Bio umsattelte, ist kein Honigschlecken. Mit viel Überzeugungsarbeit nahmen wir auch

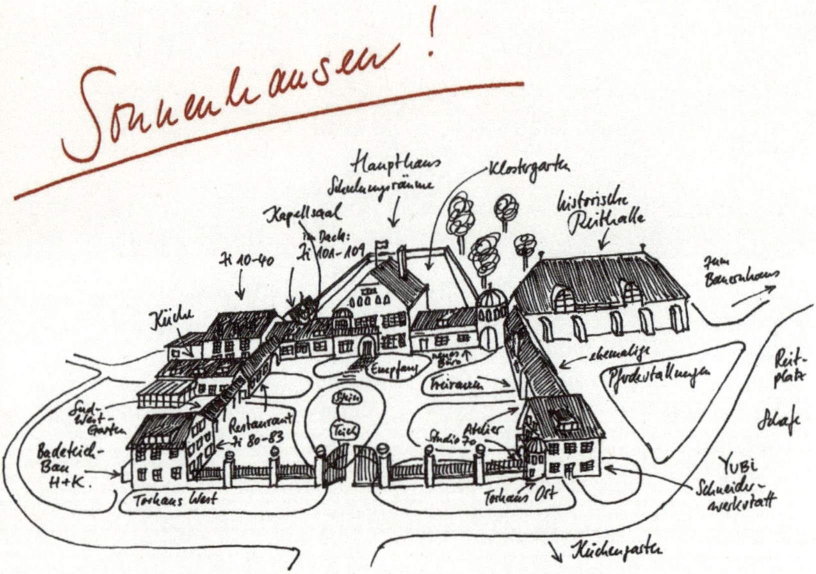

© Georg Schweisfurth

diese Hürde. Die Kantine der Bayerischen Versicherungskammer in München war einer unserer ersten Kunden, gefolgt von vielen kleinen Hotels, Restaurants, Bistros und später dann Riesengastronomien wie die von »Audi« in Ingolstadt oder dem Bio-Hotel »Chesa Valisa« im kleinen Walsertal.

Es folgten verrückte Jahre. Jedes Jahr sollte ich – langsam die Fährte des Handels aufnehmend – eine Firma gründen oder eine übernehmen. Eine Übernahme im herkömmlichen Sinn war der Geschäftsführerposten, den ich plötzlich in Sonnenhausen innehatte, nicht. Er kam gewissermaßen durch die Hintertür, aus Verpflichtung der Familie gegenüber. Die Verwaltung von Herrmannsdorfer, die Bäckerei, der Versand und die Käsereiferäume waren in der Zwischenzeit nach Herrmannsdorf in neue Räume

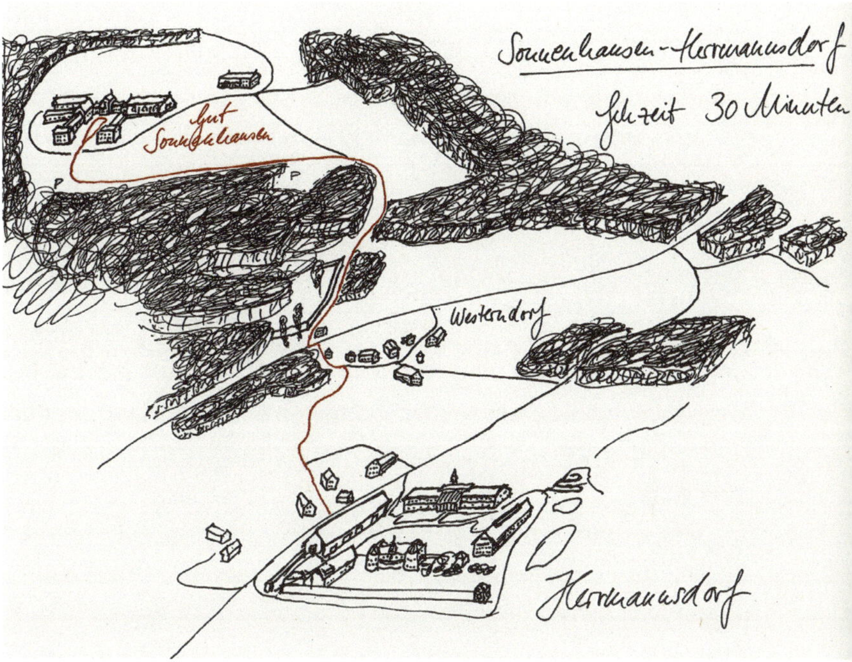

© Georg Schweisfurth

umgezogen. Sonnenhausen stand mehr oder weniger leer, als ich aus Asien zurückkam. Was also tun mit dem Hofgut?

Karl und ich meinten: »Wir brauchen den Besitz nicht, also verkaufen wir ihn doch. Weil er nur Geld kostet.«

Darauf Dorothee: »So etwas wie Sonnenhausen verkauft man nicht!«

Und Vater, der Spiritus Rector, pflichtete bei: »Ja, Dorothee hat recht. Lasst euch was einfallen.«

Weil mein Bruder jedoch mit den Herrmannsdorfer Landwerkstätten eingespannt war und meine Schwester weit oben in Bremen Lehramt studierte, entwickelten Ossi und ich ein Konzept. Die Schweisfurth-Stiftung hatte das Hofgut seit 1995 immer wieder bereits als Seminarplatz bespielt. Nun wollten wir diesen guten Anfangsimpuls für etwas Größeres, Neues nutzen.

Wir hatten vor, zum Beispiel Gartenbauer, Künstler und Coaches anzusiedeln, die dort lebten, arbeiteten und die Seminarräume für eigene, regelmäßige Veranstaltungen nutzten. Der Familienrat nickte und gab grünes Licht. Jetzt lenkten Ossi und ich neben »Epos« auch noch die Geschicke von Sonnenhausen, das völlig neu aufgesetzt werden musste. Nach und nach zog eine Bauschule für Lehmbau ein, eine Klangwerkstatt, ein Management-Coach und in das alte Bauernhaus eine Pferdetherapeutin, die fünf Pferde mitbrachte und sogenanntes natürliches Reiten anbot. Später kamen Hippotherapie, Behindertenreiten und die Araber-Zucht von Gabriele Hammer und Jörn Kampermann dazu, übrigens die einzigen, die heute noch da sind.

Die Seminarteilnehmer waren oft extrem anspruchsvoll, vor allem die von Selbsterfahrungsgruppen. Viele von ihnen hatten eine sehr klare Vorstellung davon, wie die Welt um sie herum zu sein und zu funktionieren hatte. Da passte dann der Zimmerpreis nicht oder das Essen, oder es gab jede Menge Sonderwünsche. Ich kann mich an einen weiblichen Gast erinnern, der mich mit einer Rolle Klopapier in der Hand zur Rede stellte: »Kein Recycling-Papier! Wie können Sie so etwas dulden?« Später wechselten wir von privaten Gruppen mehr zu Firmen. Das hat unser Leben in Sonnenhausen wesentlich vereinfacht – die wirtschaftliche Lage auch.

Jenseits dieser Mini-Reibungen dealte ich mal wieder wie eine vielarmige, indische Gottheit mit viel zu vielen Projekten auf einmal. Das erging mir in meinem Leben nicht zum ersten Mal so. Aber meine neuen Partner und ich fühlten uns so stark und waren derart beflügelt, das Richtige zu tun, dass es auch etwas mehr sein durfte.

Neben »Epos« und »Sonnenhausen« war ich noch Teilhaber der »Biokreis Marken GmbH«. Das war eine Öko-Kontrollstelle, die wir zu meinen Herrmannsdorf-Zeiten gegründet hatten

Gut Sonnenhausen um 1910

und die Richard Müller, der später zu meinem wichtigsten Weggefährten wurde, leitete.

Richard war Gründer der »Chiemgauer Naturfleisch«. Diese Kontrollstelle hatten wir aus Frust entwickelt, weil wir es als Hersteller leid waren, dass unsere lebensmittelverarbeitenden Handwerksbetriebe von Bauern kontrolliert wurden, die das Metier nicht kannten. Um richtig kontrollieren zu können, muss man eine Ahnung von den Prozessen haben, ein Fachgespräch führen und professionell beraten können. Dann kam die große EU-Novelle. Sie sah vor, den Bio-Landbau, die Bio-Vermarktung und den Bio-Vertrieb in europäischen Richtlinien zu regeln, und verlangte, die alten privatrechtlichen Öko-Kontrollstellen in größeren, vertraglich an die EU-Bio-Normen gebundenen Einheiten zu bündeln. Da die Biokreis-

Marken-GmbH mit ihren 60 Verarbeitungsbetrieben, die von uns beraten und kontrolliert wurden, unter die Mindestgröße fiel, haben wir das Geschäft an das Öko-Prüfinstitut Lacon-GmbH abgegeben.

Zur Abwicklung der Firma trafen sich Richard Müller, Müllermeister Johann Priemeier, Joseph Wilhelm, Chef von »Rapunzel Naturkost«, und ich bei mir zu Hause in der Clemensstraße am Küchentisch. Wir fragten uns: What's next? Was können wir jetzt miteinander anstellen? Wo stockte die Öko-Bewegung? Wo war der Flaschenhals für die Szene? Die ökologische Landwirtschaft kam langsam in Fahrt, es gab tolle, zertifizierte Produkte, aber keine durchschlagend erfolgreiche Vermarktung. Zehn Jahre hatte der Handel auf der Stelle getreten: Hofläden, Reformhäuser und kleine, weltanschaulich orientierte Naturkostläden vertrieben Bio-Produkte. Nur kamen sie nicht so richtig aus dem Quark. Viele dieser Pioniere waren zwar echte Überzeugungstäter, aber dachten zu klein, und die Kunden stammten ausschließlich aus der alten, engagierten Bio-Szene. Das war der Flaschenhals.

Vier Freunde sollt ihr sein

Die Idee mit dem Bio-Supermarkt fiel uns wie eine reife Frucht in den Schoß. Selten im Leben gibt es Augenblicke, wo du so 100-prozentig weißt: »Das ist es!« Der Gedanke zwang sich fast auf. Wir alle waren schon mit ihm schwanger gegangen. Und wir alle brachten gute Voraussetzungen für die Umsetzung mit. Ich hatte meine Herrmannsdorfer Erfahrungen. Richard Müller hatte mit seinen damals 48 Jahren die meiste Bio-Erfahrung. Er war Gründer von »Chiemgauer Naturfleisch« und vom »Chiemgauer Bauernmarkt«, hatte den »Biokreis« Oberbayern mit anderen ins Leben gerufen und zuvor den 1976 gegründeten

»Erdgarten«, Münchens ersten Bio-Laden in der Neureutherstraße, betrieben, in einem Kollektiv. Joseph Wilhelm, humoriger Allgäuer, Altachtundsechziger und Richards Freund, war Chef von »Rapunzel«. Johann »Hansi« Priemeier war der Inhaber der »Antersdorfer Mühle«, besaß einen wachen Geist und war gut im Umgang mit Geld.

Gemeinsam wollten wir den dritten Weg in der Vermarktung von Bio-Lebensmitteln beschreiten: Zwischen Billigheimer und Highend-Vermarktung wollten wir ehrlich, einfach, großstädtisch und offen sein. Wir wollten größer denken. Nicht Gewinnmaximierung in den Vordergrund stellen, sondern Skaleneffekte durch Filialisierung nutzen, damit die Preise für gute Öko-Produkte bezahlbar blieben und auch Geld verdient werden konnte. So wollten wir die Zukunft sichern und Durststrecken überstehen.

Durch meinen »Herta«-Background war ich mit diesem Denken grundsätzlich vertraut. Und ich kannte Leute, die sagten: »Denk weiter, denk größer, als es am Ende vielleicht sogar wird.« Das bedeutet, dass man zwischen den Vorteilen des »Kleinseins« und dem Groß-sein-Wollen manövrieren muss. Weicht der Anspruch zu sehr von der Realität ab, neigt man dazu, allzu schnell seine Ziele nach unten zu korrigieren. Das ist falsch. Man muss lernen, Spannung auszuhalten, dann schafft man auch den Leuchtturm. Und man muss seinen Prinzipien treu bleiben. Vor allem vor sich selbst. Das hatte mir unser Vater eingeimpft und vorgelebt.

Als wir im stillen Kämmerlein anfingen, den Umsatz zu kalkulieren, hat uns allerdings doch etwas Panik erfasst. 60 Millionen Mark Jahresumsatz? Um Himmels willen! Wir hatten zwar alle etwas Erfahrung, aber keiner von uns war ein ausgewiesener Supermarkt-Experte. Was das anging, waren wir grün hinter den Ohren. Konnten wir uns das wirklich trauen?, war die bange Frage, auch in meinem Kopf. Doch ich glaubte daran, und den anderen, die dabeiblieben, erging es ebenso. Diese Überzeugung ebenso wie die Begeisterung waren am Ende entscheidend für unseren Erfolg.

Wir wollten gesund wachsen. Das bedeutete: Der erste Laden musste funktionieren, sonst hatten wir Schlagseite, bevor's richtig losging. Joseph Wilhelm kamen schließlich doch Bedenken, dass er sich bzw. dem »Rapunzel«-Konzept mit der Supermarkt-Idee selbst Konkurrenz machen könnte. Schweren Herzens sagte er schließlich ab. Ich fand ihn großartig, ich hätte ihn gern dabeigehabt. Aber er ist sich selbst treu geblieben! Für ihn kam Ossi, mein Geschäftskumpel von »Epos«, unserem Bio-Gastro-Großhandel, an Bord mit seinem hervorragenden Organisationstalent.

Voller Spaß und Enthusiasmus machten wir uns ans Werk. Anfangs trafen wir uns alle zwei Wochen in der DenkWerkstatt bei Ossi in Grafing oder bei mir in der Clemensstraße. Oder sahen uns in ganz Deutschland andere Vermarktungsprojekte an. Alle vier zusammen, wenn es ging. Wir machten erste Entwürfe, wie der Laden, das Sortiment und die Eigenmarke aussehen sollten, legten Suchkriterien für Standorte und für Mitarbeiter fest, kalkulierten, suchten nach Erzeugern in der Umgebung, verkosteten deren Produkte und prüften die Liefermodalitäten. Jeder hatte Hausaufgaben, und nach einem halben Jahr war klar: Es geht! Was jetzt? Brechen wir hier ab, oder machen wir weiter? Ein einstimmiges »Ja!« besiegelte den Pakt. Es war irgendwie Ehrensache, und wir alle hatten das Gefühl: Das muss jetzt gemacht werden, um dem ökologischen Landbau in Deutschland zu helfen. Wir waren uns sooo sicher.

Jetzt wurde es richtig ernst. Hansi Priemeier war mit seiner Mühle in Niederbayern eingespannt, Ossi mit »Epos«. Durch mein Engagement in Sonnenhausen hatte Ossi die Hauptarbeit bei »Epos« übernommen, und weil ich in Sonnenhausen soeben ein Ehepaar für die Geschäftsführung eingestellt hatte,

Die »Basic«-Gründer Hermann Oswald, Richard Müller, Johann Priemeier und ich (von links nach rechts)

hatte ich Zeit. Richard auch. Also sagten wir: »Okay, wir fangen an und gründen auch gleich eine Firma.« Die Suche nach einem geeigneten Namen führte uns erst gar nicht in Richtung »Alraune«, »Sonnenblume« oder »Brotkörbchen«. Unsere Läden sollten anders sein und deshalb auch anders heißen. Auch die Farbe Grün und Holz für die Einrichtung kam aus Prinzip nicht in Frage! Also: Welches moderne Wort gab es, das keine Erwartungen befriedigte, gegen den Wind segelte, nicht auf Bio hinwies, einfach zu merken, modern und frech war, bewusst anders? Vielleicht etwas Englisches, dachten wir, und vermutlich kam meine damalige Frau Lynn auf den Namen »Basic«. Bei einem Superlearning-Sprachkurs hatte ich sie im Dezember 1995 kennengelernt. Damals verzögerte sich meine Syrien-Reise mit Gérard, da wollte ich die Zeit nutzen, um mein Französisch aufzubessern. Lynn stammte aus Glasgow, hatte Philosophie und Deutsch studiert und lebte ein paar Jahre in München.

Am 12. Juni 1997 gründeten wir die »Basic AG« mit Ossi als Aufsichtsratsvorsitzendem. »Der jüngste einer deutschen AG«, witzelten wir. Er war 32 Jahre alt, und sogar die Putzfrau duzte ihn. Wie auch uns. Das war der gängige Umgangston bei »Basic«. Richard war neben mir Vorstand und kümmerte sich um das Sortiment, die Lieferanten, die Hersteller unserer ersten »Basic«-Eigenmarkenprodukte und um die Logistik, die wir bewusst niemals im Hause hatten. Meine Aufgabe waren die CI, Corporate Identity – das »Design« und die Einrichtung der Läden –, die Gestaltung der Eigenmarke, die Pressearbeit und das Marketing. Gemeinsam verantworteten wir die Personal- und Standortsuche und trafen die wichtigsten Entscheidungen. Hansi Priemeier stieg 2001 in den Vorstand ein, als wir zu expandieren begannen.

Nach fünf Monaten Standortsuche fiel die Wahl für unseren ersten Standort auf das Stahlgruber-Center am östlichen Mittleren Ring in München. Wir dachten: Da fahren 40 000 Autos am Tag vorbei. Das ist eine tolle Publicity. Von wegen: Die Drogeriekette »dm« war auch interessiert an der Location, bot zwei Mark mehr pro Quadratmeter und schnappte sie uns vor der Nase weg. Der verantwortliche Mitarbeiter bat tausend Mal um Entschuldigung, schließlich sollten wir an diesem Tag, am 21. Dezember 1997, den Mietvertrag unterschreiben. Am Tag der Wintersonnenwende. Das war eine herbe Schlappe. Mit viel Ouzo versuchten Richard und ich sie am gleichen Abend in einer griechischen Taverne zu verdauen.

Im Nachhinein war es gut, dass das nicht geklappt hatte. Glück im Unglück. Wir hatten es uns später zum Prinzip gemacht, nur solche Standorte auszuwählen, wo wir auch persönlich gerne hingehen würden. Und keiner von uns ging gerne in

Einkaufscenter. Bei unserer Zielgruppe konnte das eigentlich auch nicht anders sein. Wenn wir den Zuschlag um diese Center-Location am Mittleren Ring bekommen hätten, dann hätten wir nie unseren genialen ersten Standort in Schwabing eröffnet.

Beim Radeln durch Schwabing entdeckte ich nämlich wenig später in der Schleißheimer Straße ein rotes Backsteingebäude. Etwas zurückgesetzt mit Pappeln davor. Die Spenglerei und Fabrik für Glasdächer war auf die grüne Wiese gezogen, daher stand das Gebäude leer. Ich fand heraus, dass der Besitzer Hagen hieß. Ich rief ihn sofort an, und er teilte mir mit, er habe das Gebäude gerade verkauft. Es sollte abgerissen werden, und es wurde bald darauf abgerissen. »Daneben aber«, meinte Günther Hagen am Telefon, »in dem Wohnhaus, in dem unten früher das Magazin der Spenglerei war. Da möchte ich Läden daraus machen.« Die Räume waren klasse – an die fünf Meter hoch, roh und weitläufig. Perfekt. Wir erzählten Herrn Hagen von unserer Idee. Vorzuweisen hatten wir damals nichts, nur unser bisschen Vergangenheit. Er lachte: »Gefällt mir, was ihr macht.« Und so unterschrieben wir im April 1998 den Mietvertrag für unseren ersten Laden. Kurz darauf flog ich mit meinem Vater, meinem Bruder und dem Club »Moderne Marketingmethoden MMM« in die USA.

Im Land der unbegrenzten Möglichkeiten zeigte uns der Shop-Designer und Berater Jim Riesenburger in Syracuse und New York diverse Läden, die sie selbst entworfen und eingerichtet hatten: bester amerikanischer Retail. Mit tollen Warenpräsentationen, vertikal aufgebaut, die Ware im Vordergrund, keine Schranken zur Diebstahlsicherung, mit umfangreicher Warenkommunikation über den Regalen, Mission Statements an den richtigen Stellen, »food service« in großen Selbstbedienungsdisplays, mäandernder Beleuchtung und, und, und. Ein wahres Paradies für mich. Das Interessante an der Reise war, dass die Experten nicht nur erklärten, was sie gemacht hatten,

Einweihung des ersten »Basic«-Markts in der Münchener Schleißheimer Straße mit Pfarrerin Irene Johanson

sondern auch, warum. »Food Emporium«, 59ste Straße, zwei »Fairways« an der 133sten Straße in Harlem und dem Upper Broadway, »Dean & Deluca« in der Canal Street/Ecke Broadway, »Balthazar's« in der Spring Street und »Zabar's« ebenfalls am Upper Broadway sind bis heute sehenswert. Und damals hatte ich noch keinen »Whole Foods Market« und noch keinen »Trader Joe's« gesehen.

Total erfüllt kam ich zurück. Erzählte den anderen von den Ideen, die nicht viel kosteten, aber enorm wirkten. Denn viel Geld hatten wir nicht. Aus dem Nachlass eines Bioladens in Hannover kauften wir für vielleicht 30 000 Mark Kühltheken, Kühlwandregale, Warendisplays, Tiefkühler, die zentrale Kälteanlage, Kassen und Trolleys für den ersten Laden. Nicht Luxus zählte, sondern eine moderne Optik, und dass sich unsere Kunden wohlfühlten. Das ließ sich auch mit gebrauchtem Inventar bewerkstelligen – und ungewöhnlichen Ideen, Licht und Farbe. Weil mir Beton als Bodenbelag in Fabriken und Galerien schon immer gut gefallen hatte, entschieden wir uns für so einen gegossenen Boden in leuchtendem Gelb. Statt Fliesen. Das hatte noch niemand in einem Supermarkt gemacht. Das traute sich keiner, oder die Leute hatten Angst davor, dass der Boden rutschig sein könnte. Zusammen mit dem Theaterbeleuchter Rainer Ludwig tüftelte ich die Grund- und Effektbeleuchtung aus. Unter den Decken installierten wir blaues Licht. Das verleiht den Räumen Höhe und der Ware enormen Glanz. Übrigens sehen auch die Kunden und Mitarbeiter besser aus. Und damit niemand wegen der dicken Stromhauptleitung, der Leuchtstoffröhren, der Trafos und der vielen Motoren in den Kühlanlagen unnötig Elektrosmog ausgesetzt war, machte sich der Elektrosmog-Tüftler Florian König ans Werk.

Was genau er deichselte, habe ich nicht ganz verstanden, aber die Leute fühlten sich wohl – auch Stammkunde Rainer Langhans. Er antwortete mir auf meine Frage, warum er denn dreimal täglich in unseren Laden käme, dass er sich hier so wohlfühle, weil eine gute Energie herrsche. Nun, es ist wohl doch etwas dran an dem, was viele für Hokuspokus halten. Wie gesagt, erklären konnten wir es nie. Doch: Warum solche Dinge nicht ausprobieren? Wenn sie funktionieren, großartig. Wenn nicht, haben wir es zumindest versucht. Aus diesem Grund durchleuchtete die Feng-Shui-Expertin Gabriele Hammer aus Sonnenhausen (die auch ihre Pferde mit außergewöhnlichen Methoden heilt) den Laden. »Das Geld muss drinbleiben«, befand sie, »und die Kunden müssen sich gut fühlen, darum bitte keine verglasten, rückwärtigen Türen und scharfen Kanten im Laden, die sie verletzen könnten.« Last but not least ermittelte unser Hausastrologe – und jetzt erklären uns vielleicht manche für total verrückt – den optimalen Zeitpunkt für einen erfolgreichen Start. Daher eröffneten wir am 22. September 1998 erst um

10.30 Uhr unseren ersten »Basic«-Laden in der Schleißheimer Straße 158–160. Die Wurstfabrik meiner Familie, in die ich 1959 hineingeboren wurde, lag ja auch an der Schleißheimer Straße. Allerdings in Dachau und nicht wie hier im Herzen Münchens.

Angestoßen hatten wir auf die Eröffnung bereits zwei Tage zuvor. Mit den Mitarbeiterinnen und Mitarbeitern, mit Lieferanten, Freunden und mit unseren Familien. Der Umweltbeauftragte der Stadt München, Joachim Lorenz, hielt die Eröffnungsrede, Irene Johanson, eine mit Richard und mir befreundete Pfarrerin, die schon unsere Kinder getauft hatte, weihte den Laden, und die Sinti-Band Traubli Weiss spielte auf. Mein alter Freund Jean-Pierre Corpateaux, der malende Metzger aus Fribourg in der Schweiz, kochte Schweinssuppe im Riesentopf, fertigte in Windeseile Kunstwerke an Wänden und auf Tischen und schuf den Taufstein, der heute noch in der Filiale zu bewundern ist.

Passanten und vorbeifahrende Autos wurden durch Schaufensterplakate mit durch die Luft fliegenden Schweinekoteletts und Brokkolis auf den biologischen Neuzugang aufmerksam. Die einzelnen Motive hatte ich eigenhändig fotografiert – ganz nach Richards Devise: »Man kann vieles selber machen.« Ein Lebensprinzip, das ich bis heute verinnerlicht habe, da es Kosten spart, großen Spaß macht und den dabei entstehenden Dingen eine größere Authentizität verleiht. Zu große Perfektion führt auch oft dazu, dass Werbung untergeht.

Ausgerüstet mit einem Strauß Blumen für die erste Dame und einem Einkaufsgutschein für den ersten Herrn (Michi Haid, mit dem ich übrigens bis heute freundschaftlich verbunden bin) wartete ich gespannt auf Kunden. Doch die kamen nur tröpfchenweise. Der große Run auf »Bio für alle« – so unser Slogan – blieb aus. Obwohl da auf 430 Quadratmetern über 3500 tolle Artikel und eine geniale Fleisch-Wurst-Käse-Theke zu finden waren.

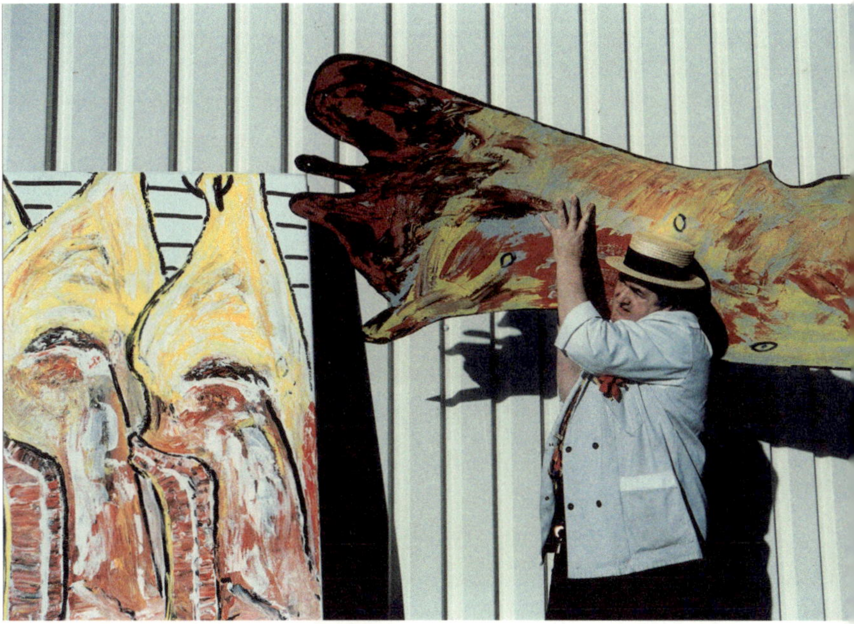

Jean-Pierre Corpateaux, der malende Metzger aus Fribourg

Megafrustriert dachte ich an den ersten Freitagnachmittagen und Samstagen: Mist, läuft nicht! Alles für die Katz! Da sprach mich eine alte Bekannte an und sagte: »Hey, du machst doch jetzt was Neues.« Ich erzählte ihr von unserem Bio-Supermarkt, und sie schrieb darüber auf zwei Seiten im Frauenmagazin ›Brigitte‹, Ausgabe 1/99. »Sieht fast aus wie bei Aldi«, lautete die Überschrift. Doof, dachte ich zuerst, denn so sah es wirklich nicht aus. Wir hatten uns doch mit dem Licht und der Gestaltung dermaßen Mühe gegeben.

Aber: Dieser Artikel war Gold wert! Plötzlich stürmten die Leute unseren Laden. Nur wenige glaubten, das Angebot wäre ähnlich billig wie bei Aldi und ließen – als sie ihren Irrtum bemerkten – gefüllte Einkaufswagen verwaist im Markt zurück. Manche Kunden machte es richtig unruhig, dass es keine einzige ihnen bekannte Marke gab. Ebenso beunruhigt war die andere Welt – die Bio-Welt. Als die kleinen Naturkostläden über die große »Basic«-Gefahr klagten, bekamen die Lieferanten kalte – oder sagen wir lieber – fröstelnde Füße. Einige wussten nicht, ob sie uns weiter beliefern sollten. Und wir fragten uns: Ist das der Anfang vom Ende oder das Ende vom Anfang?

Dass durch uns in der Szene keiner leiden musste, stellte sich – wie so oft im Leben – erst im Nachhinein heraus. Alle profitierten von dem Medienecho: Nicht nur ›Brigitte‹, sondern der gesamte deutsche Blätterwald schrieb über uns und sorgte für einen Boom auf Bio-Lebensmittel. Selbst ›Bild‹ titelte »Erster 100%iger Bio-Supermarkt in München eröffnet«. Das stand auf jeder Zeitungsbox. Großartig war das und machte uns stolz, wenngleich es mit »Basic« in den darauffolgenden Jahren immer wieder wie in der Achterbahn auf und ab ging. Auf gute folgten turbulente Zeiten. Immer wieder und einmal ganz besonders.

Auf und Ab

Nachdem uns die Presse derart bejubelt hatte, kam die Konkurrenz kucken. Wollte sehen, was es da Besonderes gab – in dem Supermarkt mit dem blau-gelben Logo und dem roten i-Punkt. Bio-Mitbewerber besuchten uns mit der Belegschaft. Die Chefs von »Rewe« kamen und die von »Edeka«.

Plötzlich brummte der Laden. So sehr, dass wir uns beeilen mussten, mit Günther Hagen den Vertrag für den Nachbarladen abzuschließen: Neun Monate nach Eröffnung erweiterten wir unsere Verkaufsfläche auf 700 Quadratmeter. Diesmal hatten wir die Nase vorn, schnappten »Schlecker« die Fläche weg, der ebenfalls die Ladenfront mit den großen Schaufenstern ergattern wollte. Wir stockten unser Sortiment auf, richteten ein Bistro ein und ein für Kunden begehbares Obst- und Gemüsekühlhaus. Aus Platzmangel. Doch es bewährte sich, und wir übertrugen das Konzept 27 Mal – auf jeden neuen »Basic«-Markt.

Im Herbst 1999 fanden wir in der Westenriederstraße 35 einen weiteren Top-Standort. Im ehemaligen »Hess«-Möbelhaus. Als wir aber begannen, die Decken zu bearbeiten, sahen wir die Bescherung: Asbest! Das bedeutete: Komplett-Sanierung, 50 000 Mark mehr als geplant und zwei Monate Verzögerung bei der Eröffnung. Die Kosten stiegen auch an anderen Stellen. Der Vermieter zeigte kein Entgegenkommen, und zwischen uns Gründern flogen die Fetzen. Es gab Schuldzuweisungen, Rechtfertigungen. Ich war wegen der Kosten der Buhmann. Da habe ich mir das erste Mal gedacht: Menschenskinder, Geld hat so eine Macht. Da kriegst du Herzrasen, und alle schlafen schlecht. Weil die Bank das Risiko nicht tragen wollte, überbrückte ich mit einem privaten Kredit.

Aus Kostengründen statteten wir den Laden wieder mit gebrauchtem Mobiliar aus mehreren Shop-Auflösungen aus. Dennoch verschlang die Einrichtung für die zwei Geschosse und 2000 Quadratmeter 1,5 Millionen Mark. Da mussten wir erneut schlucken. Später war es eher die unterste Marke, 1,5 Millionen Mark für Umbau und Ausstattung eines Ladens hinzublättern. Später war die Westenriederstraße auch der Markt mit der niedrigsten Umsatzmiete und den geringsten Abschreibungen im Verhältnis zum Umsatz. Eine Dampflok, die durch nichts aufzuhalten war. Aber vorher musste ein Tal der Tränen durchschritten werden.

Weil Hermanns Frau Susanne bei »Epos« einsteigen wollte, fragte er mich: »Wie geht's da weiter?« Ich musste Prioritäten setzen. Wollte nicht jeden Morgen aufstehen und an tausend Baustellen denken. Ich merkte: Das wird alles zu viel. Wir machten einen großen Schnitt, lösten die Schulden gegenseitig auf und tauschten meinen »Epos«-Anteil gegen einen Teil seiner »Basic«-Anteile. Seither kümmerten sich Susanne und Hermann allein um »Epos«.

Der Laden in der Westenriederstraße lief nicht richtig an: Als wir am 6. Juni 2000 um 14 Uhr endlich eröffneten, kamen erst mal die Pfingstferien (das war nicht geplant, die Baustelle zwang uns dazu, inklusive Asbestsanierung), dann die erste Hitzewelle, in der sich die Menschen bekanntlich nur von Eis am Stil und Cola ernährten. Mühsam entwickelte sich das Geschäft, bis am 24. November 2000 eine schicksalhafte Wendung eintrat: der erste BSE-Fall in Deutschland, in Niedersachsen.

Das war wie ein Ruck, der durch die Nation ging. Eine Riesenangst, genährt durch die Bilder von aufgeblähten Tierkadavern, die permanent in den Nachrichten zu sehen waren. Fast hysterisch riefen Kunden bei mir an, um ihre Fleischbestellungen abzugeben. Vergeblich! Ich musste ihnen mitteilen, dass auch wir nicht genau wüssten, ob wir ausreichend Ware von unseren Metzgern erhielten, und sie doch bitte früh kommen sollten. Wie zu DDR-Zeiten warteten die Ersten bereits um 8 Uhr morgens vor der Tür, obwohl wir erst um 9 Uhr öffneten – und die Fleischtheke war leer. Da blutet dein Händlerherz, aber eine derartige Verknappung führt uns auch vor Augen, wie gut es uns meistens geht.

Viele kritische Menschen suchten bei Bio-Waren Zuflucht vor dem ausartenden, konventionellen Lebensmittel-System. Bio-Produkte bieten tatsächlich die größte Sicherheit, nicht nur wegen des Verbots, Herbizide, Pestizide und chemischen Dünger einzusetzen. Sondern auch wegen der Möglichkeit, die Produkte zu den einzelnen Bauern zurückzuverfolgen – für den Fall, dass es eine Verunreinigung gibt. Und wer ernährt sich und seine Kinder schon freiwillig mit Chemie, wenn es nicht sein muss?

So makaber es klingt: BSE – das war unsere Rettung. Vor

Werbepostkarte für »Basic« zur Eröffnung des zweiten Markts in München

allen sechs Kassen in der Westenriederstraße standen lange Schlangen. Die Kunden merkten: Die haben nicht nur sicheres Fleisch, das gut schmeckt. Sondern auch andere tolle Produkte – und wurden zu Stammkunden. Angefüttert durch diesen fiesen

»Basic«-Werbung aus dem Jahre 2002

Lebensmittelskandal, der ja, wie die meisten Skandale, ein Futtermittelskandal war.

Laut Businessplan wollten wir nach dem zweiten funktionierenden Laden in München in andere Städte expandieren.

Im Sommer 2001 gingen wir im Stuttgarter Bosch-Areal mit »Basic« Nummer 3 an den Start. Unter dem Killesberg in den alten Fabrikhallen von »Bosch« fanden wir diese Location in einem 100 Jahre alten Gebäude, das ich »Zündkerzenhalle« nannte. Der Laden war mit 700 Quadratmetern eigentlich viel zu groß. Allerdings überraschte er uns über die Jahre mit stetigem Umsatz. Auch in den Sommermonaten.

Anders die Kushi-Bar im Obergeschoss der Westenriederstraße. Die Bambusspießchen mit frittierten Happen, sogar Speiseeis, waren einer meiner Lieblings-Leckerbissen in Japan gewesen. Doch fand mein kulinarisches Reise-Mitbringsel wenig Anklang. Es war der falsche Partner, die falsche Location, wir hatten keine Außenflächen, und die Spießchen waren zu teuer. Ein Reinfall. Vielleicht zu früh? Aber die Zeit lässt sich nicht zurückdrehen. Damals im Juli 2001 hatte ich mich entschieden, das Restaurant in dieser Form einzustellen.

Seither bin ich mit Gastronomie sehr vorsichtig geworden. Einmal eine blutige Nase reicht. Man kann viel Geld verlieren, und man braucht den Wirt-Faktor. Jeden Abend bis ein Uhr nachts da zu sein, sieben Tage die Woche, das muss man lieben. Auch das Privatleben leidet: Meine Frau sah ich kaum noch. Diese Auswirkungen hatte ich völlig unterschätzt. Lynn hatte in der Zwischenzeit das Hofgut Sonnenhausen kommissarisch übernommen. Spontan wie sie war, sagte sie, als es Probleme mit der externen Geschäftsleitung gab – sie war gerade in Glasgow: »Ich komme morgen zurück und kümmere mich gleich darum.« Sie war dann einige Jahre mit mir in der Geschäftsführung und hat viel vorangetrieben.

Jetzt läuft's!

BSE hat das Interesse an Bio-Nahrungsmitteln erheblich verstärkt. Wir erlebten einen regelrechten Höhenflug. Nach Stuttgart war jeder Laden, den wir eröffneten, nach einer gewissen Anlaufzeit ein Erfolg. 2002 kamen Augsburg, Nürnberg und Köln dazu. Während Köln zur Kult-Location aufstieg, geriet Augsburg erst mal in die Nitrofen-Falle. Eine Woche nach der Eröffnung wurde nitrofenverseuchtes Bio-Getreide im Tierfutter entdeckt. Die Presse schlachtete das Thema aus und geißelte die Öko-Bewegung. Später las man, dass die Kontaminierung mit diesem schon lange verbotenen Insektizid in einer konventionell geführten Lagerhalle geschehen war. Entwarnung für die Bio-Bauern! Wäre der Skandal bei konventionellem Getreide passiert, hätte man den Ort der Kontamination mit großer Wahrscheinlichkeit nie gefunden. Wir machten uns auf jeden Fall früh darauf gefasst, dass dieser emotionale Markt von Bio-Lebensmitteln sich unruhiger entwickeln würde als der konventionelle.

Nach und nach wurde Bio schick und flankierte den Lifestyle of Health and Sustainability, kurz LOHAS genannt. Ein heute etwas abgenutzter Begriff, den der amerikanische Soziologe Paul Ray erstmals 2000 in seinem Buch ›The Cultural Creatives‹ verwendete, und über den das Kelkheimer Zukunftsinstitut ein paar Jahre später schreiben sollte: »Der grüne Lifestyle der LOHAS erobert die Märkte … Aus Müslis werden Marktführer, aus konsumkritischen Alternativen zukunftsoffene, lebensbejahende Avantgardisten … Schon jetzt erleben wir, dass Themen wie Nachhaltigkeit, Gesundheit und Verantwortungsbewusstsein unseren Konsumalltag neu strukturieren.« Das spürten auch wir.

Uns war es jedoch egal, ob unsere Kunden mit dem Porsche oder dem Fahrrad vorfuhren. Wir sahen uns weder als Weltverbesserer noch als Gesundheitsapostel, sondern hatten saubere Lebensmittel für alle. Auf dem kleinsten Nenner: alles Bio – Obst, Gemüse, Fleisch, Wurst, Kräcker, Soja … daneben Naturkosmetik, Waschmittel und eine kleine Abteilung für Babykost. Egal ob Rohkostler, Lakto-Ovo-Vegetarier, Veganer, Nur-Kartoffelkäufer, Instinktos, eingefleischter Vegetarier, Makrobioten oder Bio-Stippvisitler, bei »Basic« bekamen alle, was sie für ihre individuellen Ernährungsgewohnheiten, Diäten und Ernährungsphilosophien brauchten. Die mit dem kleineren Geldbeutel berücksichtigte unsere preiswert kalkulierte Eigenmarke. Das waren Produkte, die jeder fast täglich braucht, wie Spaghetti, Tomatensoße, Apfelsaft etc. und die einen entsprechend großen Absatz fanden. Die wir in großen Gebinden eingekauft hatten und die deswegen preiswerter abgegeben werden konnten.

Und eine Show wurde vor allem in den Anfangsjahren gleich mitgeliefert. Die Italiener im Bistro versprühten südländischen Charme, der Verkäufer aus Nigeria lachte die Sonne weg, der bayerische Metzger philosophierte hinter der Fleischtheke, bevorzugt mit Kundinnen, verkaufte wie ein Weltmeister und unsere Käseverkäuferin aus Holland entzückte mit Herz und Dekolleté. Anders als die schlecht bezahlten, müden Mitarbeiter in konventionellen Supermärkten. Jeder war ein Individualist. Das führte allerdings auch zu Querelen, weil jeder Individualist auch etwas von einem Selbstdarsteller hat. Bios arbeiteten mit Nicht-Bios zusammen, schnelle mit langsamen, redselige mit introvertrierten. Profilierte Mitarbeiter können beflügelnd sein, aber auch sehr anstrengend. Doch das spielte keine Rolle, solange die Kundinnen und Kunden Spaß bei »Basic« hatten, sich bestens aufgehoben fühlten – und wiederkamen.

Wir fühlten uns völlig frei, machten alles bewusst anders als der allgemeine Lebensmittel-Handel und unsere unmittelbare Konkurrenz. Etwa die anthroposophisch angehauchten Märkte unseres größten Mitbewerbers. Da »Basic« nicht mit großem philosophischem Gewicht auftrat, zog das die unterschiedlichsten Typen von Kunden an. Thomas Greim, der Chef von »Dennree«, unserem wichtigsten Großhändler, sinnierte einmal über die Westenriederstraße: »Ich kann den Grund für den Erfolg nicht rational verstehen, diese enorme Schwungmasse, die er angenommen hat, ist für mich nur mit dem wunderbar geordneten Chaos, das hier herrscht, zu erklären.« Das war ein tolles Lob von einem »alten Hasen« und Bio-Weggenossen.

Entsprechend beglückt feierten wir im September 2003 unser 5-jähriges Bestehen. An dem Ort, an dem alles begann: in der Schleißheimer Straße 158–160. Mit der ersten Filiale in Hamburg hatten wir zu diesem Zeitpunkt den siebten Laden eröffnet. Wir luden alle Mitarbeiter von Nord, West und Süd ein und sorgten dafür, dass alle eine Bleibe für die Nacht hatten. Wieder gab es Live-Musik, gutes Essen, eine Mordsgaudi und eine riesige Geburtstagstorte. Gesponsert von unserem Augsburger Bio-Bäcker Schubert.

Zu dem Zeitpunkt war Hansi Priemeier bereits Finanzvorstand und Josef Spannrunft, aus dem konventionellen Supermarktgewerbe kommend, der Vorstand für den Vertrieb.

Begehrlichkeiten

Wir machten Rekordumsatz um Rekordumsatz. 2004 sogar ein Plus von 39 Prozent zum Vorjahr bei etwa 40 Millionen Euro Umsatz. Das weckte Begehrlichkeiten. Die Konsequenzen habe ich nicht vorausgesehen. Im Gegenteil. Die ersten Vorboten nahmen wir stolz zur Kenntnis: Die gesamte Vorstandschaft des deutschen Einzelhandels gab sich in unseren Stores die Klinke in die Hand. Als manche Mitbewerber jedoch eins zu eins abkupferten – ein erfolgreicher Biomarkt-Betreiber in Wien und ein Reformhausbesitzer in Trier zum Beispiel –, war das weniger erfreulich. Selbst ein großer Mitbewerber nahm Anleihen, was mich sehr enttäuscht hat. Denn mit dem Geschäftsführer pflegte ich eine freundliche Beziehung, was in unserer Branche zu der Zeit noch üblich war. Ich hatte ihn und seine Mannschaft 1999 bei »Basic« mit offenen Armen empfangen. Ich wusste – durch einen Anruf eines anderen befreundeten Bioladners informiert (die Bio-Szene ist klein!) – von seinem Anrücken. Als später mein Bruder Karl von einer Reise aus Mainz zurückkam und uns informierte, dass dieser Mitbewerber in seinem Laden dort unseren Slogan »Bio für alle« verwendete, war ich erstaunt und rief ihn gleich an.

»Wir testen gerade verschiedene Claims. Nur in Mainz, ganz easy«, beruhigte er. Inzwischen rollte er jedoch »Bio für alle« auf sämtliche seiner Läden aus. Hier hat also die vermeintliche Kooperation und Fairness ihre Grenzen, dachte ich mir. Auch auf dem Biomarkt herrscht natürlich Konkurrenz, aber das ging zu weit. Also schaltete ich meine Patentanwältin ein und erwirkte eine Unterlassung gegen unseren Mitbewerber. Dieser musste nun alle Plakate, Banner und Tüten mit »Bio für alle« vernichten. Als »nette Antwort« erduldeten wir die Löschung der eingetragenen Wortmarke beim Europäischen Patentamt. Sie war zwar ein Allgemeinplatz und damit rechtlich nicht schützbar. Aber in den Köpfen der Menschen, da war »Bio für alle« schon längst mit »Basic« verbunden.

Nachdem Supermärkte wie »Kaiser's Tengelmann« oder »Rewe« schon lange Bio-Lebensmittel angeboten hatten, zogen die Discounter »Plus«, »Lidl« und »Aldi« und alle anderen Supermarktketten nach. In den USA erlebte die Kette »Whole Foods« furiose Boomzeiten mit Jahresumsätzen von 5 Milliarden US-Dollar. Im Februar 2005 nahmen die Amerikaner auf der »Biofach«-Messe über ihren Präsidenten Walter Robb Kontakt mit uns auf. In Nürnberg zeigte ich ihm und seiner Delegation unseren Markt. Natürlich dachten wir darüber nach, wie wir wachsen konnten und wie es überhaupt weitergehen sollte. Und unseren Wert bzw. welcher Partner gut passen würde, wollte ich auch gern mal ausloten, nachdem meine Freunde von »fresh and wild« in London, Hass Hassan und Bryan Meehan, ihre Firma gerade an »Whole Foods« verkauft hatten.

Die Chemie stimmte. Walter, ein blonder Hüne, war sofort Feuer und Flamme für »Basic«. In lautem Bariton sagte er: »Why not merge?«, und lud mich nach Austin, Texas, ins Headquarter von »Whole Foods« ein. Zur Quartalssitzung. Ich willigte ein. So etwas bekommt man nicht alle Tage angeboten, und es war spannend, von diesen Leuten zu lernen. Ich erlebte dort, wie er und sein Team in vier Stunden über 150 Millionen US-Dollar Investitionen in neue Standorte verfügten.

Ebenso gut drauf und euphorisch wie Walter war »Whole Foods«-Gründer John Mackey. Ein Konservativer, ein Internet-Freak, mit dem wir eine Woche durch die texanische Wildnis rund um sein einfaches *country house* streiften. Abends am Kaminfeuer sprachen wir beim Scotch über den Lebensmittelmarkt, Marketing, was Menschen interessiert, was Erfolg ausmacht und was nicht. Dass meine Frau (mittlerweile) für die Menschenrechtsorganisation Human Rights Watch arbeitete, konnte er allerdings nicht verstehen!

Kurze Zeit später waren alle acht Direktoren bei uns in München. Wir machten eine Tour durch unsere Läden, stellten ihnen die Zahlen vor. Als es dann zur Abstimmung kam, waren alle für die Fusion, nur John sagte einfach: »No!« Vermutlich hatte er das Gefühl, Deutschland tickt anders als die USA und Großbritannien – womit er absolut recht hatte. Eigentlich erleichterte mich die Absage von »Whole Foods«: Sie ersparte uns, darüber zu entscheiden, ob es gut wäre, konventionelle, sogenannte »natürliche Produkte« ins Sortiment aufzunehmen, wie das bei »Whole Foods« üblich war. Das wollten wir unter keinen Umständen.

Aber ich muss zugeben, dass ich wieder einmal viel von den Amerikanern gelernt habe. Auch wenn wir weiterhin 100 Prozent Bio machten, so waren doch einige Aussagen von Walter und John sehr hilfreich gewesen. Zum Beispiel: »Good products make good stores.« Da war ich völlig einig mit ihm: Als Händler bist du der Anwalt der Marken. Die sogenannte Eigenmarkenpolitik verdrängt leider oft die Vielfalt guter Marken und guter Produkte. Bei »Basic« stand der Anteil der Eigenmarkenprodukte immer in einem ausgewogenen Verhältnis zum Gesamtsortiment. So kommt auch keine Langeweile auf. Im Bio-Regal in den Supermärkten ist das anders. Da beschleicht einen häufig der Verdacht: Hier hat jemand zu seinen großen Spezi-Lieferanten gesagt: »Bringt mal schnell 200 Bio-Produkte her. Egal, welche Qualität, Hauptsache, wir sind marktfähig.« Dann wird eine Bio-Eigenmarke zusammengewürfelt, Obst und Gemüse werden in Plastik eingeschweißt, damit sie nicht mit den konventionellen Äpfeln, Birnen, Tomaten oder Auberginen verwechselt werden.

Viele Einkäufer, die bei den großen konventionellen Ketten für die Bio-Sortimente zuständig sind, glauben, dass die bioaffine Kundschaft nur Vollkornnudeln, Reiswaffeln und Müsli isst. Entsprechend öde sieht das Bio-Angebot manchmal aus. Und sie vergessen, dass die Kundinnen und Kunden wissen wollen, woher die Ware stammt. Sie finden im Supermarkt meist nichts Regionales, sondern eher Internationales. Ob es handwerklich hergestellt wurde und ob Leute dahinterstecken, die sich Mühe geben, ein ehrliches Produkt zu liefern, oder ob es nur ums Geldverdienen geht, erfährt man nicht. Und wenn wir schon dabei sind: Die Ketten kaufen häufig alles zentral und nicht regional ein, da das in ihren Augen viel zu mühsam und zu teuer ist. Daher gleichen sich die Sortimente – egal, in welcher Ecke Deutschlands man Bio im Supermarkt kauft. Aus diesem Grund haben immer die großen leistungsfähigen konventionellen Hersteller als Lieferanten von Bio die Nase vorn. Die kleinen Bio-Firmen passen auch eher zu den kleinen Biofachhandelsketten als zu den Giganten. So bleibt zusammen, was zusammengehört.

Es gibt nur wenig große »Lebensmittler« in Europa, die ein qualitatives Verständnis haben und das gute Handwerk gegen die Industrie und gegen den Mainstream der Verödung einer ganzen Kultur verteidigen. Wie etwa der für mich größte Brot- und Lebens-Mittel-Handwerks-Ambassador Lionel Poilâne. Mit seinem Konzept der »Retroinnovation« hat er die Ehre des Bäcker-Handwerks in Frankreich gerettet. Und zwar folgendermaßen: 60 Bäcker arbeiten in Dreier-Teams mit je einem Holzfeuerofen. Es gibt kein Thermometer, keine Stoppuhr, keine Elektronik, keinen Mengenzähler, keine Waage. Alles wird mit Fingerspitzengefühl gemacht. Das macht das *Pain Poilâne*, ein etwa 1,9 Kilogramm schweres Sauerteigbrot, so einzigartig. Überhaupt gibt es nur sechs verschiedene Brotsorten, die innerhalb Frankreichs und in 15 weitere Länder verkauft werden. Lionel verunglückte leider zusammen mit seiner Frau Iréna tödlich bei einem Hubschrauberabsturz am 31. Oktober 2002. So musste seine Tochter Apollonia mit 18 Jahren die Firma übernehmen. Sie war der Aufgabe gewachsen. Heute wird sie als Bäcker-Königin von Paris gefeiert. Ihre Firma macht 15 Millionen Jahresumsatz. Ganz Frankreich trauerte damals um ihren Vater, der mit Künstlern wie Salvadore Dalí und Man Ray verrückte Brot-Kreationen herstellte und ein großer Patriot war.

Auch für mich war es ein Schock. Einige Monate vorher waren wir noch für ein Dokumentarfilmprojekt des ZDF zusammen in Paris unterwegs.

»Basics« dunkles Kapitel

Der »Lidl«-Deal ist in die Geschichte eingegangen. Er hat die Lebensqualität aller Beteiligten und vor allem der Mitarbeiter jahrelang beeinträchtigt. Es war ein völlig überflüssiges Spiel um Macht und Geld. Es ging um die Beteiligung der Schwarz-Gruppe, zu der Lidl gehört, an »Basic«. Ich habe jahrelang die einzelnen Erlebnisse, Beobachtungen und Erfahrungen festgehalten und für mich wie ein großes Puzzle zusammengesetzt. Manche Zusammenhänge sehe ich so, weil ich einfach eins und eins zusammengezählt habe, und nicht, weil ich es 100-prozentig weiß. Die Akteure spielen bei so etwas selten mit offenen Karten. Die Wahrheit hat es manchmal schwer, ans Licht zu gelangen. Manch einer kommt bis heute nicht von seiner Palme, auf die er mal geklettert ist, herunter.

Alles begann damit, dass Richard und ich zum Jahreswechsel 2003/2004 aus dem Vorstand ausschieden. Ursprünglich war das für alle drei Gründungsvorstände geplant. Ein externer Manager war angestellt. Wir wollten das Unternehmen, das stark gewachsen und ziemlich komplex geworden war, mit einer neuen Geschäftsführung ausstatten. Aber nur wir zwei schieden aus. Das war ein Fehler.

Richard kümmerte sich fortan um seine eigenen Projekte im Chiemgau, baute unter anderem einen regionalen Biobauern-Verbraucher-Verbund auf. Ich packte die Umstrukturierung der »Casserole« in Herten an. Nach dem Verkauf des industriellen Teils von »Herta« war eine Feinkost-Metzgerei-Kette im Ruhrgebiet und im Rheinland übriggeblieben. Diese etwa 40 Filialen im Norden Deutschlands wollte ich langsam auf Bio und regional umstellen.

Richard und ich hatten bei »Basic« als Beiräte noch ein paar Aufgaben übernommen: Für Richard war es die Schulung der Mitarbeiter. Ich half bei den Planungen der neuen Märkte und beim Finishing vor jeder Eröffnung mit. In den ersten Jahren waren wir bei jeder Aufsichtsratssitzung dabei. Wenn es um Beteiligungen ging, waren wir gefragt. Ich übernahm zum Beispiel die Sondierungsgespräche, die 2005 zu Verhandlungen mit »Whole Foods« führten. Aber wir bekamen nicht mehr wie früher alles mit, was im Unternehmen lief.

Ab Anfang 2006 merkte ich, dass Richard und ich nicht mehr wirklich erwünscht waren. Wir störten irgendwie, hinter unserem Rücken wurde geredet, die Mitarbeiter waren verunsichert. Im Nachhinein fällt es einem ja manchmal wie Schuppen von den Augen. Im Unternehmen machte sich eine Tendenz bemerkbar, die Ökos für kleinkariert, für rückwärts orientiert zu halten. Manch einer verleugnete sogar seine eigene Bio-Grassroot-Herkunft. Man witterte aufgrund des enormen Erfolges von »Basic« wohl Größe und Macht und sah sich – so mein Eindruck – aufsteigen in den Olymp der Superkapitalisten, mögliche Konsequenzen vollkommen außer Acht lassend. Gleichzeitig wurde der Druck auf die Mitarbeiter größer, was mir gar nicht gefiel und was ich als Vorstand nie geduldet hätte. Denn Überforderung von Mitarbeitern führt immer zu Motivationsverlust, zu innerer Kündigung, und das schwächt die Ausstrahlung des ganzen Unternehmens.

Die Verantwortlichen waren wohl so beseelt von der unseligen Allianz, dass sie sich nicht mehr vorstellen konnten, wie sehr sie damit nicht nur die Kundinnen und Kunden, sondern auch die Mitarbeiterinnen und Mitarbeiter sowie die Bio-Lieferanten vor den Kopf stoßen würden. Wahrscheinlich waren sie selbst nicht wirklich Teil unserer Zielgruppe und schätzten deshalb die Reaktionen der Menschen falsch ein. Als das Kind dann mit dem Bade ausgeschüttet war und alle sahen, was man angerichtet hatte, als der Hauptverantwortliche an die Luft gesetzt war, wechselte manch einer wieder hurtig die Seiten. Es war eine schreckliche Posse. Und es wäre vielleicht nicht so weit gekommen, wären nicht mit allerlei Tricks im Außenverhältnis vollendete Tatsachen geschaffen geworden, die vorher nicht mit den Gründern und allen Mitgliedern des Aufsichtsrates abgesprochen waren.

»Tengelmann« – wie man aus der Presse weiß – hatte sich auch sehr interessiert und hätte sogar einen höheren Preis für die Beteiligung bezahlt, kam aber nicht zum Zuge. »Tengelmann« hätte eventuell besser zu »Basic« gepasst: Die Gruppe besaß die längste Bio-Erfahrung der Supermarkt-Welt: Sie hatte 1986 mit »Naturkind« die erste Bio-Handelsmarke in der Republik eingeführt. Wenn überhaupt, dann wollten wir Leute an »Basic« beteiligen, die in der Öffentlichkeit ein gutes Image haben, nachhaltig agieren und noch (halbwegs) für nachhaltige Qualität und die deutsche Bauernschaft einstehen. Nur dann konnte man erwarten, dass unsere Philosophie geachtet würde.

Lidl raus! oder Die Stärke der Konsumenten

Aber die Super-Dealer hatten die Rechnung ohne die Kunden gemacht. Nach der Pressemitteilung über die neue Beteiligung boykottierten diese nun unsere Läden. Der Umsatz ging schlagartig und schmerzhaft zurück. Die Mitarbeiter wurden nie gefragt, ob sie die Allianz gut fanden, und waren darauf nicht vorbereitet. Stattdessen wurden sie einfach ins kalte Wasser geworfen und mussten nun vor den Kunden, die sich natürlich in den Filialen empörten, das Problem klein reden. Obwohl es logischerweise riesengroß war. Es hagelte negative Presse, die leider bestätigte, was Richard und ich vorausgeahnt hatten. Es wurde noch schlimmer.

Die Bürger-Vereinigung Attac demonstrierte mit Sprechgesängen, im Internet lästerten aufgebrachte Verbraucher und Anhänger der grünen Szene. Lieferanten stellten die Versorgung unserer Läden ein. Darunter auch mein Bruder. Er belieferte uns nicht mehr mit Fleisch, Käse und Wurst aus Herrmannsdorf: »Es ist nicht gegen dich, aber ich liefere nicht an Gruppen, an denen Lidl beteiligt ist. Aus Prinzip«, kommentierte er. Ich verstand das. Karls Entscheidung führte aber nicht zum Bruder-Zwist, wie die Presse es gerne hindrehte.

Verständlich war auch, dass sich die damalige Ministerin für Verbraucherschutz, Ernährung und Landwirtschaft Renate Künast weigerte, die versprochene Laudatio auf »Basic« zu halten, als wir im November 2007 gemeinsam mit Götz Werner von »dm« und Michael Otto mit dem Deutschen Handelspreis für den besten Newcomer ausgezeichnet wurden. Welche Ironie des Schicksals – ein solch hochkarätiger Preis in der dunkelsten Stunde der Firmengeschichte.

»Es ist, als wäre jemand mit einer Axt durch ›Basic‹ marschiert und hätte alles kurz und klein geschlagen«, brachte eine Kundin die Situation auf den Punkt. Der gute Spirit war von einem Tag auf den anderen zerstört. Der Leuchtturm »Basic« mit der Hoffnung auf eine andere Lebensmittelwirtschaft hatte mit einem Schlag zu leuchten aufgehört.

Als Gründer und Hauptaktionär sah ich es als meine Pflicht an, die Aufsichtsräte sehr deutlich darauf hinzuweisen, dass ich die Vermutung hatte, der Deal sei nicht astrein gelaufen, sie hätten ihre Sorgfalts- und Aufsichtspflicht nicht genügend wahrgenommen. Am 5. November 2007 wurde der vermutlich Hauptverantwortliche mit sofortiger Wirkung seines Amtes enthoben.

Die Schwarz-Gruppe wurde umgehend informiert. Für sie war der Ausstieg bereits beschlossene Sache, denn die Gefahr eines imageschädigenden Flächenbrandes wuchs für alle Beteiligten. Wir trafen uns nur wenige Tage später mit den Lidl-Leuten am Flughafen in München in einem kleinen Besprechungsraum, in dem es nach Kerosin stank. Schnell wurde der Ausstieg besiegelt. Ich sollte mich auf die Suche nach neuen

Investoren machen. Die fand ich tatsächlich innerhalb von acht Wochen. Doch entgegen unserer Absprache ging das Aktienpaket an unseren Mitaktionär ASI.

Vier Jahre sollte es dauern, bis sich »Basic« von diesem Desaster erholt hatte.

Collaborative Consumption

Welche Macht Konsumenten haben, zeigten die Umsatzeinbrüche bei »Basic« nach Bekanntwerden der Super-Allianz mit »Lidl«: einige Millionen Euro Verlust im Geschäftsjahr 2007. Hart und unmissverständlich hatten die Kunden allen Beteiligten des scheinbaren Mega-Deals die Augen geöffnet und Muskeln gezeigt. Gut, wenn beim Geldausgeben Werte und Nachhaltigkeitsaspekte berücksichtigt werden.

»Nachhaltigkeit, das ist«, mit den Worten des Hans Carl von Carlowitz ausgedrückt, der 1713 in seinem Forstwirtschafts-Almanach zum ersten Mal den Begriff gebraucht hatte: »ein Interesse an der Zukunft zu haben und an denen, die Zukunft erben werden.« Und weil beim bewussten Handeln ein Wir mehr Kraft hat als ein Ich, findet eine neue Form des Konsumierens immer mehr Anhänger: »Collaborative Consumption«.

Ausgelöst durch ein auflebendes, grünes Bewusstsein und durch einen krisenbedingten Sparzwang verbünden wir uns, um Dinge zu teilen. Man denke an das neue Carsharing-System der Bahn »Flinxter«, das gerade mit dem von BMW und Daimler verhandelt, um sich noch stärker zu vernetzen, an die Privatzimmer-Vermietung Airbnb.de und 9flats.com oder an das Verleihportal für Gebrauchsgegenstände erento.de. Auch Swapping ist »in«. Wie der Name schon sagt, geht es dabei ums Tauschen. Viele Menschen wollen Sachen, die sie nicht mehr brauchen, nicht einfach wegwerfen. Weil es sich aber nicht lohnen würde, sie zu verkaufen, tauschen sie sie lieber gegen etwas ein, das ihnen gleichwertig erscheint – ob Bücher, Alltagsgegenstände oder Kleidung, wenn sie zu klein geworden ist, zu altmodisch oder sie einem schlichtweg nicht mehr gefällt. Entweder unter Freunden und Familienmitgliedern wird geswappt oder Online über klamottentausch.net, kleiderkreisel.de, netcycler.de oder kidskarton.de. Selbst der Möbelproduzent Ikea bietet Swapping an. Aber das ist wohl eher als Trendsurfen zu verstehen. Denn auf der anderen Seite tut Ikea alles dafür, dass man mehr einkauft, als man eigentlich will und braucht. Der Spaß am Einkaufen soll keineswegs auf der Strecke bleiben, aber es ist wichtig, dass man ein Bewusstsein dafür entwickelt. Auch Einkaufen ist politisch.

Ich persönlich nutze viele von meinen Eltern übernommenen Gegenstände und bin ein großer Freund des Second-Sale. Ich kaufe meine Möbel gerne in kleinen Trödelgeschäften. Es gibt aber noch andere Formen des nachhaltigen Tauschens und Wirtschaftens: Statt nicht mehr genutzte Gegenstände auszurangieren, speisen immer mehr Menschen sie in andere Kanäle ein: verkaufen Abgelegtes in Secondhandläden, auf »Ebay« oder »Amazon«, auf Nachtflohmärkten mit Live-Musik bzw. geben es günstig an Freunde ab oder als Spende bei einschlägigen Organisationen. Alles tolle Ansätze, damit – bei immer knapper und teurer werdenden Rohstoffen wie vor allem dem Erdöl – nicht unnötig Waren produziert werden müssen und durch das Teilen Nähe und Sinn entstehen, Mitwelt und Region wieder stärker in den Focus rücken.

Auch in der Landwirtschaft gibt es Systeme, die auf die Gemeinschaft setzen, zum Beispiel bei der Geflügelzucht. Herrmannsdorfer hat 2009 das Landhuhn-Projekt eingeführt mit einem innovativen Finanzierungskonzept für ökologische Hühnerhaltung. Es handelt sich um sogenannte Zweinutzungsrassen, die Sulmtaler Kaiserhühner zum Beispiel. Zweinutzung heißt, dass eine Rasse sowohl gutes Fleisch hat als auch ausreichend ertragreich Eier legt. Das ist heute auch im Biobereich nicht selbstverständlich, da durch einseitige Züchtungen sogenannte Hybriden entweder gute Fleischgockel oder gute Legehennen hervorbringen. Das eigentlich Tragische an der ganzen Geschichte ist, dass in Deutschland Millionen von männlichen Küken bei der Legehennenproduktion einfach geschreddert werden und wiederum Millionen weibliche Küken in der Mastgockelproduktion.

Um den Start des Projekts zu finanzieren, wurden über 160 000 Euro durch ein pfiffiges Beteiligungsmodell aufgebracht: Interessierte Verbraucher konnten sich mit Tranchen von 300 Euro aktiv beteiligen. Dafür erhalten sie 40 € pro Jahr *Return on Invest* in Form von Einkaufsgutscheinen. Einzulösen in allen Herrmannsdorfer-Filialen und an einigen Theken von Bio-Läden. Die Gutscheine sind nicht auf die Produkte der Geflügelzucht beschränkt. Man kann aus dem gesamten Sortiment auswählen, ob Fleisch, Wurst, Milch, Nudeln oder Marmelade. 10 Jahre lang. Danach erhalten die »Investoren« ihre Einlage zurück oder lassen sie im Pott und bekommen als Dankeschön weitere Gutscheine.

In wenigen Wochen stand das Projekt. Inzwischen wurde es mit dem Förderpreis des Bundesministeriums für Landwirtschaft ausgezeichnet. Die Mitmacher sind begeistert: »Es macht mich stolz, daran teilzunehmen.« Oder: »Es gibt mir ein gutes Gefühl: Ich weiß, wo die Produkte her sind, unterstütze eine gute Sache und habe einen echten Mehrwert. Egal, ob der Euro die aktuelle Nagelprobe besteht oder nicht.«

Die Vernetzung zwischen Produzent und Verbraucher kam Anfang der 70er-Jahre in Japan auf. »Teikei« hieß das alternative Verteilsystem ökologisch produzierter Lebensmittel, das unabhängig vom konventionellen Markt aufgebaut wurde. Basis war die Partnerschaft zwischen Produzenten und Verbrauchern. Ähnlich wie bei der Seikatsu Club Seikyo können die Verbraucher bei »Teikei« bei der Ernte mithelfen oder sich auf andere Weise nützlich machen. Die Höfe versorgen je nach Größe zwischen 5 und 50 Familien. Eingeführt wurde das Projekt von der Japan Organic Agriculture Association (JOAA) mit dem Ziel, dass beide Seiten – Verbraucher und Produzent – mehr Verständnis füreinander entwickeln. Dafür wurden zehn Prinzipien formuliert:

Die zehn Prinzipien von Teikei:

1. **Gegenseitige Unterstützung**
   Der Kern dieser Partnerschaft liegt nicht im Verkaufen an sich, sondern in der freundlichen Beziehung untereinander. Deshalb sollten sich Produzenten und Konsumenten auf der Basis von gegenseitigem Verständnis helfen. Diese Beziehung sollte durch die Reflexion früherer Erfahrungen vertieft werden.

2. **Gemeinsame Planung der Produktion**
   Die Produzenten sollten sich mit den Verbrauchern beraten und auf dieser Basis im Rahmen ihrer landwirtschaftlichen Kapazitäten die optimale Menge und die optimale Produktvielfalt erzielen.

3. **Akzeptanz der Produktion**
   Die Konsumenten sollten alle Nahrungsmittel abnehmen, die gemäß der vorhergehenden gemeinsamen Beratung festgelegt und produziert wurden. Sie sollten ihren Speisezettel weitgehend darauf zuschneiden.

4. **Gemeinsame Preisfindung**
Bei der Preisfestlegung sollten die Produzenten berücksichtigen, was sie an Arbeitskraft und Kosten dadurch einsparen, dass Produktionsschritte und Transportprozesse verkürzt und alle ihre Produkte abgenommen werden. Die Konsumenten sollten den Vorteil berücksichtigen, den sie dadurch haben, dass sie frische, sichere und schmackhafte Nahrungsmittel erhalten.

5. **Vertiefung freundlicher Beziehungen**
Für die Entwicklung dieser Partnerschaft ist es notwendig, die freundlichen Bande zwischen Produzenten und Verbrauchern zu vertiefen. Das erreicht man nur, indem man den Kontakt zwischen beiden Partnern verstärkt.

6. **Eigene Distribution**
Der Transport der Produkte bis zum endgültigen Lagerort sollte entweder von der Produzenten-Gruppe oder von der Verbraucher-Gruppe übernommen werden, damit man nicht von Logistik-Unternehmen abhängig ist.

7. **Demokratisches Management**
Beide Gruppen sollten sich nicht zu sehr auf eine kleine Anzahl von Menschen mit Führungsaufgaben verlassen, sondern eine demokratische Organisation anstreben, in der die Verantwortung von allen geteilt wird. Dabei sollte nach dem Prinzip der gegenseitigen Unterstützung die jeweilige familiäre Situation der Teilnehmer berücksichtigt werden.

8. **Voneinander lernen**
   Beide Gruppen, Produzenten und Konsumenten, sollten sehr darauf achten, dass sie voneinander lernen, und dafür sorgen, dass es nicht ausschließlich um die Verteilung sicherer Lebensmittel geht.

9. **Limitierte Gruppengröße**
   Es wird schwierig, diese Prinzipien umzusetzen, wenn die Anzahl der Teilnehmer oder das Gebiet der Gruppe zu groß werden. Deshalb sollte man auf die richtige Größe achten. Das Wachstum der Bewegung sollte auf einer wachsenden Anzahl von Gruppen und deren Zusammenarbeit beruhen.

10. **Stetige Entwicklung**
    In den meisten Fällen wird es nicht möglich sein, alle diese Prinzipien von Anfang an umzusetzen. Deshalb ist es für Produzenten und Verbraucher notwendig, sich vielversprechende Partner zu suchen, auch wenn die aktuelle Situation noch unbefriedigend ist. Und sie sollten nicht nachlassen in den Bemühungen um einvernehmliche Kooperation.

Vielleicht war die Bewegung, die in den späten 90ern in den USA unter dem Namen »Community Supported Agriculture« (CSA) entstand, auch von den Japanern inspiriert. Vor allem aber bekam das Solidar-Prinzip großen Auftrieb durch »Farmer John«. John Peterson arbeitete als Künstler, bevor er den Hof seines plötzlich verstorbenen Vaters in Caledonia, 80 Kilometer von Chicago entfernt, übernahm. Um einen Konkurs abzuwenden begann er, nach einem gemeinschaftlich ausgearbeitetem Produktionsplan für inzwischen 1300 Kunden (!) Bio-Produkte anzubauen. Hier packen die Kunden auch selbst mit an und können auf dem Gelände des landwirtschaftlichen Betriebs eigene Projekte realisieren, wie etwa eine Blumenwiese oder einen Kräutergarten. Bei Farmer John wird gemeinsam geerntet – und danach gefeiert. Die Kunden sind die Partner von Farmer John. Sie zahlen für seine Leistung jährlich einen gemeinsam bestimmten Beitrag, der ihm nach Abzug aller Kosten des Betriebes ein vernünftiges Leben ermöglicht. Wenn eine Maschine gekauft werden muss, legen aller Partner zusammen.

Ich habe ihn bei der Premiere seines Films ›Farmer John mit Mistgabel und Federboa‹ in München kennengelernt. Der Alt-Hippie mit der Nickelbrille bestellt seine Felder auch schon mal mit rosafarbener Federboa und Leopardencut. Es ist ein sehr authentischer, Hoffnung machender 80-minütiger Film über ihn und seine Arbeit, angereichert mit alten, suppig erscheinenden Super-8-Filmstreifen, die seine Mutter beisteuerte. Als Hobbyfilmerin hatte sie das Leben auf dem Hof, das Heranwachsen ihrer drei Kinder und ihre Streiche festgehalten. Gemäß seinem Slogan »Taste the local flavour« isst Freigeist Peterson zu Beginn einen Brocken Erde und meint: »Der Boden schmeckt gut heute.« So weit muss man ja nicht unbedingt gehen, aber es wird dadurch sehr anschaulich, worin Konsumenten investieren: Fördern sie CSA und kaufen sie Bioprodukte, investieren sie in die Qualität des Bodens und in eine intakte, regionale Umwelt.

Ökologisch zu agieren ist für mich nicht eine Frage der individuellen Perspektive, einer Ideologie oder eines Dogmas. Ich verstehe es als Notwehr gegen die Angriffe auf unsere Lebensgrundlagen. Unstrittig ist die konventionelle, industrialisierte Landwirtschaft weltweit produktiver. Um durchschnittlich 20 Prozent, wie eine niederländische Megastudie belegt. Aber das ist nur eine Seite der Medaille. Die langfristigen Folgen sind verheerend: überdüngte, verarmte, erodierte Böden, sinkende Grundwasserspiegel, nitratverseuchtes Grundwasser, schwer abbaubare Pestizide und zunehmend resistenter werdende Schädlinge und Krankheiten. Mit Ökolandbau also könnten wir nachhaltig unsere Böden schützen, kaputte Böden wieder urbar machen und langfristig auch 15 Milliarden Menschen versorgen.

UTOPISCHES ENGAGEMENT

»Mittagstisch für Kinder und Jugendliche« bei »Basic«

Zwölf bunte Schultaschen stehen vor dem Zimmer der »Indianer«, in dem Alev* und Ruiz* (Namen verändert) den Tisch decken. Jedes Kind erhält einen Teller, ein Schlüsselchen für den grünen Salat, ein Trinkglas, Messer und Gabel. In der Luft liegt der süße Duft von Paprika. Gleich werden mit Naturreis gefüllte Paprikaschoten in Tomatensoße aufgetischt. Jeden Tag kommen die 8-jährige Türkin und der gleichaltrige Sinti in die Thelottstraße, um hier mit zehn weiteren Grundschulkindern aus sozial benachteiligten Familien zu Mittag zu essen. Bekocht von einer Mitarbeiterin von Johanna Hofmeir, die das Münchner Sozialprojekt vor 19 Jahren ins Leben gerufen hat. Seit 2004 sponsert »Basic« das Projekt: als wir begannen, den »Mittagstisch für Kinder und Jugendliche« zu realisieren.

Schon seit Längerem hatte ich mir gedacht: Wir kümmern uns zu viel um uns selbst, werden ein bisschen »rammdösig«. So sagt man in Westfalen, wenn man zu sehr im eigenen Sud gart. Laufen die Dinge gut, gerät man leicht in ein solches Fahrwasser. Da passiert es schon mal, dass man vor lauter Euphorie den Blick fürs große Ganze verliert.

Aus einer Empörtheit heraus habe ich mich bereits lange vor der Gründung von »Basic« 1993 für die damals in Deutschland eher unbekannte Menschenrechtsorganisation »Human Rights Watch« (HRW) eingesetzt. Sie hat ihren Sitz in New York, und ich förderte den Aufbau ihres europäischen Büros in Brüssel. Auf einem Treffen von Social Venture Network in Pisa lernte ich den Direktor der Organisation, Kenneth Roth, kennen – einen drahtigen, sehr gut vernetzten und engagierten amerikanischen Anwalt. Zusammen mit der dänischen Rechtsanwältin Lotte Leicht. Sie hatte Anfang der 90er-Jahre die Gräueltaten der bosnischen Serben auf dem Balkan aufgedeckt und machte diese zum ersten Mal öffentlich. Etwa das Massaker von Srebrenica, bei dem 8000 Bosniaken zwischen zwölf und 77 Jahren unter Führung von Ratko Mladić von der Armee der Republika Srpska, der Polizei und serbischen Paramilitärs hingerichtet wurden, ebenso die systematischen Massenvergewaltigungen an Frauen in Bosnien und Herzegowina. Das ging mir unglaublich nahe. Diese Abgründe menschlichen Denkens und Handelns, das kann ich heute noch kaum in Worte fassen.

Nur eine internationale Aufmerksamkeit ist fähig – mit Ausdauer und auch ein bisschen Glück –, dafür zu sorgen, dass politische Entscheidungsträger ihr eigenes Denken ändern, Gewalt, Mord, Unterdrückung und Vertreibung verurteilen und diejenigen, die gegen die Allgemeine Erklärung der Menschenrechte verstoßen, vor dem internationalen Strafgerichtshof zur Rechenschaft ziehen.

HRW-Mitarbeiter stehen in engem Dialog mit Regierungsvertretern, Journalisten und Länderexperten vor Ort und beobachten kontinuierlich die Menschenrechtslage in 80 Nationen weltweit. Für ein Bild aus erster Hand führen sie Interviews mit Opfern und Zeugen von Menschenrechtsverletzungen. Auch ich wollte damals helfen und meinte spontan bei einem weiteren Treffen mit Lotte: »Ich fahr mit nach Bosnien!«

Darauf Lotte: »Gut, in zwei Wochen brechen wir nach Sarajevo auf.«

Doch Ken Roth legte sein Veto ein, obwohl der Krieg bereits vorbei war: »Das ist viel zu gefährlich für Außenstehende! Nur

Mitarbeiter von HRW dürfen mit. Nur sie wissen, welchen Gefahren sie sich aussetzen und wie sie mit Problemsituationen umgehen.« Dass die Arbeit von Menschenrechtlern gefährlich ist, zeigen der Mord an der russischen Journalistin Anna Politkovskaya oder der an ihrer tschechischen Kollegin Natalia Estemirova ebenso wie die Ermordung vieler Aktivisten in Pakistan, in Mexiko, im Iran oder in Russland. Auch Mitarbeiter von HRW waren bereits zu Tode gekommen.

Ich hatte nicht mit Kens Einspruch gerechnet, doch es war professionell und konsequent.

Dann kam 2002 die Umweltakademie München e. V.. Dort betätigte ich mich erstmals ehrenamtlich. Mitbegründer Christoph Schwingenstein, den ich Jahre vorher bei einem Treffen der Umweltorganisation »David gegen Goliath« kennengelernt hatte und mit dem ich heute eng befreundet bin, machte mich mit dem Gründer-Ehepaar Heinz und Brigitte Häberle bekannt. Ich wurde in das Kuratorium aufgenommen.

Ziel der Umweltakademie ist es, durch die Vermittlung von Wissen und die Schaffung von Dialogräumen Entscheider und Bürger zu einer veränderten Einstellung gegenüber der Natur zu bewegen. Es geht dabei um lokale, aktuelle Fragen. Keine abgehobenen. Etwa: Was können wir in München und Bayern tun, um das Klima zu schützen? Wie Bio-Essen in Großkantinen fördern? Was steckt hinter Elektromobilität? Wie lassen sich Altbauten ökologisch sanieren? Oder was bedeutet »grünes Geld«? Im Vorstand: der ehemalige Chef der Berliner Stadtwerke, Helmut Paschlau, der ehemalige Vorstandsvorsitzende der Löwenbräu AG, Paul Greineder, der Ex-Siemens-Manager Gerhard Isenberg, der ehemalige Sprecher des Vorstands bei Carl Zeiss, Peter Grassmann, der Diplom-Physiker und Umweltberater Michael Lörcher, Christoph und ich. Zum Teil Leute, die einmal große Räder gedreht haben und irgendwann gemerkt haben, dass es noch mehr gibt als materielles Wachstum und Geld. Und die unentgeltlich ihre freie Zeit für diese Sache spenden. Auf unseren Sitzungen wählen wir die Schwerpunktthemen und Redner aus und überlegen, wie sich die Mitgliederzahl und das Spendenvolumen erhöhen lassen. Diese Treffen sind wie ein Think Tank für mich, eine Hexenküche beflügelnder Ideen. Sie zeigen mir, welche Chancen sich jenseits von Tier und Agrarwesen insbesondere im technischen Bereich auffächern, um Energie und Ressourcen zu sparen. Gerne würde ich da noch mehr mitarbeiten. Vielfach jedoch fehlt die Zeit. Man kann aus einem Ehrenamt einen Hauptberuf machen, so viel gibt es zu tun.

Wie sinnvoll und erfüllend *voluntary work* (zu deutsch: Ehrenamt) sein kann, haben mir Freunde in den USA beigebracht: einzuspringen für die Belange, für die die Kommunen kein Geld in die Hand nehmen, weil sie ihnen nicht so wichtig erscheinen, sei es bei kulturellen Veranstaltungen, in sozialen Einrichtungen und vor allem immer da, wo die Schere zwischen Arm und Reich aufgeht. Ohne das enorme unentgeltliche Engagement von Bürgern wären in den USA viele soziale und kulturelle Leistungen nicht möglich. Und bereits jeder Schüler in den USA lernt, sich zu engagieren. Jeder Lebenslauf, der zur Arbeitssuche verwendet wird, muss, um überhaupt akzeptabel zu sein, viel *community spirit* enthalten. Ein riesiger und wachsender volkswirtschaftlicher Faktor. Auch in Deutschland engagieren sich immer mehr Menschen fürs Allgemeinwohl, aktuell 23 Millionen. Und: Jeder hat etwas, womit er sich in die Gemeinschaft einbringen kann: Zeit, Wissen, Ideen, Empathie, Kreativität, Geld oder Kontakte.

Unabhängige Nichtregierungsorganisationen (NGOs genannt, *Non-Governmental Organizations*) könnten ohne Unterstützung nicht existieren – von Menschen, die verstanden haben, dass Solidarität nicht nur im Geiste wichtig ist.

Da HRW nicht wie »Greenpeace« in erster Linie über den Monatsbeitrag von Mitgliedern finanziert wird, ist die Organisation auf Spendengelder angewiesen. Die Spender finden sie bei Informations- und Fundraising-Veranstaltungen, wie zum Beispiel dem jährlichen HRW-Dinner nach amerikanischem Vorbild – einem gesetzten Essen an runden Tischen mit Vorträgen und Informationen. Lokale ehrenamtliche Komitees organisieren diese und andere Veranstaltungen, und ein solches Komitee wollten sie auch in München gründen. Das Büro in Berlin war bereits eröffnet. Mit diesem Schachzug wollten sie einerseits einen stärkeren Einfluss auf die Politik in Europa nehmen, andererseits mit der europäischen Brille effektiver auf Menschenrechtsverletzungen in den USA aufmerksam machen. Da rief Lotte mich an und fragte: »Können wir dich besuchen?«.

Da ich mit »Basic« stark eingespannt war und zum angekündigten Zeitpunkt ihres Besuches in den USA sein würde, bot ich an, dass meine Frau Lynn sie empfangen sollte. Sie arbeitete lange ehrenamtlich für Amnesty International, eine NGO, die als Gefangenenhilfsorganisation gegründet worden war.

Lynn gründete dann das München-Komitee für HRW. Sie trommelte Freunde zusammen, die Geld gaben und sich bei HRW einbrachten. Sie hat etliche Veranstaltungen als Ehrenamtliche und später als Verantwortliche für »Outreach and Development« in ganz Deutschland im neu gegründeten Büro in Berlin durchgeführt und viele Großspender dauerhaft an die Organisation binden können. Heute ist Ulrike Langenscheidt die Vorsitzende des Komitees. Es gibt weitere Komitees in Hamburg, Berlin und Köln.

Wir hatten 2003 mit »Basic« gerade unser fünftes Firmenjubiläum gefeiert und waren aus dem Gröbsten raus. Ein gutes Gefühl. Dennoch beschlich mich die Frage: Ist es nicht Aufgabe von einem Unternehmen wie »Basic«, sich sozial zu engagieren? Ich hätte mich auch damit zufriedengeben können, schon so viel »Soziales« zum Beispiel durch unseren Einsatz für den ökologischen Landbau oder die Schaffung interessanter, gut bezahlter Jobs getan zu haben. Aber ich fand, dass man mehr tun könnte.

Da wir nicht einfach in eine anonyme Kulturförderung oder den Tierschutzbund investieren wollten, sondern in etwas, das sich um unserer Thema drehte, wo aktuell und dringend Hilfe gebraucht würde, entschieden wir uns für das Projekt »Mittagstisch für Kinder und Jugendliche«. Ulrike de Vries gab dazu den Anstoß. Eines Tages stand sie in einem unserer Läden und sagte zu mir: »Ich bin verantwortlich für ein Kinderhilfswerk, das sich dem Hunger in Deutschland annimmt.«

»Wir haben doch keinen Hunger in Deutschland«, meinte ich erstaunt, »höchstens fehl-, über- und falsch ernährte Kinder.«

Darauf de Vries energisch: »Oh, doch! Es gibt Kinder, die hungern. Weil sie nicht wissen, wo sie mittags eine warme Mahlzeit herbekommen. Nach der Schule stecken sie – total hungrig – ihr Taschengeld in Süßigkeiten. Da ist keine Mama zu Hause, die das Mittagessen gekocht hat, die arbeitet! In der Schule gibt es auch nichts. Und das Frühstück fällt oft auch aus.«

Ich war ziemlich erschüttert. Der konservative Traum von der intakten »soziologischen Kernfamilie« war nie viel mehr als ein Traum gewesen, und zudem hatte man in der Bildungspolitik den demografischen Wandel der letzten 30 Jahre völlig verschlafen. Die Konsequenzen von schlechter Ernährung – gar von Hunger – aber sind, dass sich die Kinder nicht mehr konzentrieren können, die Schulnoten schlecht werden, die Schulübergänge nicht geschafft werden und die Gefahr droht, dass sie später in Hartz IV abrutschen.

Ulrike de Vries war, wie sich herausstellte, Geschäftsführerin des Vereins »Children for a better world«. Der bekämpft seit 1994 Kinderarmut, Hunger und Bildungsnotstand in Deutschland und der Welt und unterstützt entsprechende Initiativen. Als ich meinem Freund Georg von Canal abends vom Hunger in Deutschland erzählte, meinte er, der Wirtschaftswissenschaftler: »Mach doch ein Social-Sponsoring-Projekt für ›Basic‹ daraus.« So nannte man das damals.

»Children for a better world e. V.« wurde unser Partner und verteilt seit 2004 die Spenden aus unserem Projekt »Mittagstisch für Kinder und Jugendliche«. Dafür geben wir für jeden getätigten Einkauf bei »Basic« einen Cent ab. Mit diesem Geld greift die Initiative Menschen und lokalen Organisationen unter die Arme, in denen mittags warm gekocht wird und wo die Kinder, die sonst nichts zu essen bekämen, hingehen können. Heute unterstützen wir in jeder Stadt, in der »Basic« einen Markt hat, ein solches Projekt.

Um mir ein Bild davon zu machen, besuchte ich einzelne Einrichtungen vor Ort. Keine Nobelmeilen. Sozialer Wohnungsbau, anonyme Wohnsilos, Graffiti an den Wänden, bröckelnder Putz. Aber auch in den vormals eher bürgerlichen Vierteln brodelte es. Kleine Vereine, kirchlich veranlasste Gruppen, Privatpersonen – jede Art von Initiative ist gefragt und förderungswürdig. In manchen Initiativen werden auch die Hausaufgaben betreut, Nachhilfe gegeben, Ferienprogramme angeboten, oder sie sind – wie in Stuttgart – Anlaufstelle für minderjährige Drogenabhängige. Alle brauchen Spenden.

Die wohl Erste, die mit dieser Art Nachbarschaftshilfe begonnen hat und vielen zum Vorbild wurde, war die Sozialpädagogin Johanna Hofmeir. 1993 rief sie die Aktion »Lichtblick Hasenbergl« ins Leben. Der Stadtteil Hasenbergl (sein Name geht auf die Kaninchenjagden zurück, die die bayerischen Kurfürsten dort abhielten) ist ein sozialer Brennpunkt im Münchner Norden. 26,8 Prozent Ausländeranteil, zweitgrößte Armutsdichte der Stadt und eine Arbeitslosenquote bei unter 25-Jährigen von 13,5 Prozent.

Hier setzte die Initiative Johannas an, die heute 80 Schul- und Kindergartenkinder betreut. »Indianer«, »Ritter«, »Glühwürmchen«, »Piraten« und »Lerntiger« heißen die Gruppen der Kinder. Zusätzlich kümmert sich ihre Einrichtung um 40 Azubis zwischen 18 und 21 Jahren. Was einst als Mittagstisch startete, ist heute eine intensive sozialtherapeutische Nachmittagsbetreuung und ein Sprungbrett in die Arbeitswelt. Neben einer gesunden Grundversorgung, die Kinder fit hält und ihnen Kraft zum Denken gibt, will die leidenschaftliche Initiatorin die sozialen und insbesondere die schulischen Leistungen ihrer Kids verbessern. »Lichtblick Hasenbergl« war die erste Initiative, die wir über »Children for a better world« mit Spenden unterstützten. Aber auch mit Lebensmitteln, oder indem wir bereits 10-Jährige innerhalb des Programms »Pro10« (Projekt zur Berufsbefähigung für Kinder ab 10 Jahren) zu einem Praktikum einluden. Mit dem Ziel, ihnen zu zeigen, wie Arbeit aussieht, was sie von zu Hause her nicht kennen. Weil beide Eltern oftmals von Sozialhilfe leben und keinen Arbeitsplatz haben.

Heute bilden wir bei »Basic« in zwei Münchner Filialen zwei Einzelhandelskauffrauen aus der Initiative aus. Großartig, wenn solche Projekte fruchten! Und toll zu sehen, dass »Basic«-Mitarbeiter in Eigenregie Kochkurse und Vorträge über Bio-Lebensmittel für diese Kinder anboten. Oder auch die Reaktion der Kunden: Durch unsere Plakate aufmerksam gemacht, sagten einige: »Wir wussten gar nicht, dass es in unserer Stadt solch eine Not gibt.« Gleichzeitig bekundeten sie Interesse, sich stärker einbringen zu wollen. Also stellten wir an jeder Kasse zylinderförmige, durchsichtige Spardosen auf. In diese spenden viele ihr gesamtes Wechselgeld. Gelegentlich sogar den einen oder anderen Geldschein.

Mein Nachfolger im Vorstand, Stephan Paulke, hat das Projekt fantasievoll weiterentwickelt und mit verschiedenen Herstellern vereinbart, dass jeder etwas von seiner Spanne an das Projekt abgibt. Wir von unserer, die Hersteller von ihrer. Das kommunizierten wir in den Läden durch Plakate, über »Hoffnungsträger«-T-Shirts, die die Mitarbeiter trugen, und den Hinweis »Basic hilft« bei den Preisschildern an den Regalen. Der Umsatz dieser Produkte steigerte sich deutlich. 2011 hat »Basic« daher über 100 000 Euro an die Initiativen bezahlen können. Das bietet den Initiatorinnen (meist sind es Frauen) der einzelnen Einrichtungen einen sicheren Finanzierungsbeitrag, die so täglich etwa 2000 Kinder mit einem warmen Mittagessen versorgen können.

Wir machen einen riesigen Fehler, wenn wir – und da meine ich Gesamteuropa – uns nicht um die Kinder und jungen Menschen kümmern. Und was wir heute nicht leisten, wird irgendwann unbezahlbar. In früheren Zeiten waren es die Großfamilie, die Gemeinde oder der Stamm, die die Kinder auffingen und ihre Erziehung übernahmen, wenn die Eltern das nicht leisten konnten. In manchen Gesellschaften war es sogar Prinzip, dass die Kinder nach und nach der Gemeinschaft anvertraut wurden. Da gab es keine »Härtefälle«: Die Schwächeren wurden wie selbstverständlich integriert, aufgefangen. Ebenso wie die alten Menschen und die Kranken früher nicht abgeschoben und gettoisiert wurden. Paradebeispiele sind sicher die Bewegungen der Kibbuzim in Israel und die eher als Sekte bekannte Yamagishi-Vereinigung. Sie entwickelte sich nach dem Zweiten Weltkrieg, als Japan völlig am Boden war, aus der nachhaltigen und pazifistischen Lebensauffassung des Bauern Miozo Yamagishi. Bei beiden Gruppen leben die Menschen in einer engen Gemeinschaft. Die erwirtschafteten Erzeugnisse gehören allen, Entscheidungen werden basisdemokratisch getroffen und die Kinder von Geburt an mit Gleichaltrigen erzogen. Das klingt rigide, vielleicht sogar extremistisch. Doch die Idee dahinter ist: Eine stärkere Solidargemeinschaft verhindert, dass Kinder verwahrlosen oder »Hunger« leiden müssen. Was ist denn eigentlich die Aufgabe der Gemeinschaft, die wir so abstrakt »Staat« nennen, als hätten wir nichts mit ihr zu tun? Ist es nicht in erster Linie, soziale Härten abzufedern? Natürlich stimmt auch das Argument: Nur ein Staat mit einer starken Wirtschaft könne sich »Großzügigkeit« leisten. Allerdings führt Wirtschaftsförderung nicht notwendigerweise zu mehr Solidarität.

Und die Politiker opfern nachhaltige Konzepte den eigenen – kurzsichtigen – parteipolitischen Interessen. Wie das beim Betreuungsgeld der Fall ist. Das Kinder/Küche/Kirche-Modell hat in jeder Hinsicht ausgedient, auch aus wirtschaftlichen und demografischen Gründen. Hier wird ein Nebenkriegsschauplatz eröffnet. Der Mangel an Ganztagsschulen, Krippen- und Hortplätzen wird dadurch nicht gelindert. Wie gut, dass die Bürger hier und da mit sozialem Engagement einspringen, um die Lücken zu füllen. Weil die staatliche *All-inclusive*-Versorgung ebenso wie die finanzielle Sicherheit in Deutschland brüchig geworden ist, nehmen Elterninitiativen, Bürger- und Nachbarschaftshilfe weiter zu, belegt die Heidelberger Marktforscherin Dr. Kerstin Ullrich. Das stimmt optimistisch. Gleichzeitig finde ich die Worte des französischen Menschenrechtlers Stéphane Hessel sehr nachdenkenswert, der in seinem Buch ›Empört euch!‹ schreibt: »Die Welt ist groß, wir spüren die Interdependenzen, leben in Kreuz- und Querverbindungen wie noch nie. Um wahrzunehmen, dass es in dieser Welt auch unerträglich zugeht, muss man genau hinsehen, muss man suchen. Ich sage den Jungen immer: Wenn ihr sucht, werdet ihr finden. ›Ohne mich‹« ist das Schlimmste, was man sich und der Welt antun kann. Den ›Ohne mich‹-Typen ist eines der absolut konstitutiven Merkmale des Menschen abhanden gekommen: die Fähigkeit zur Empörung und damit zum Engagement.«

Dazu gehört, über den Tellerrand hinauszuschauen. Blickt man sich in München-Mitte, Bogenhausen oder Schwabing um, Gegenden, in denen der Konsum zu Hause ist, hat man den Eindruck: alles fein – teuer, schick, florierend. Doch es gibt Ecken in München und in Deutschland, wo das ganz anders aussieht. Hinter der Konsumfassade bröckelt eine ganze »bürgerliche« Schicht weg, die sogenannte Mittelschicht, und man fragt sich vor diesem Hintergrund wirklich, was an der einen oder anderen Partei noch bürgerlich ist.

Engagement wird einem nicht automatisch in die Wiege gelegt. Man muss Vorbilder haben und dazu angeleitet werden. In unserer Familie war das so. Meine Großmutter Erna oder später meine Mutter Doris haben sich um die Belange der Mitarbeiter bei »Herta« gekümmert. Als »Unternehmergattinnen« hatten beide neben der Arbeit im Betrieb das Wohl der »Betriebsangehörigen« im Blick gehabt. Vor allem auch das der Frauen, von denen viele bei »Herta« harte Arbeit in kalter, feuchter Umgebung, bis in die 60er-Jahre oft ohne Tageslicht, verrichteten. Wenn jemand krank wurde oder seine Kinder erkältet waren, wurde geholfen. Mit Krankenhausbesuchen, einer Nanny oder indem man jemanden mit einem Wurstpaket vorbeischickte. Mutter und Großmutter hatten allerhand zu tun. Meine Mutter saß Anfang der 80er-Jahre im Frauenausschuss des Bezirksparlaments der Düsseldorfer SPD.

Ich glaube, dass wir alle, mein Bruder Karl und auch meine Schwester Anne, auf diese Weise eine ordentliche Portion Gemeinsinn »gelernt« haben. Vielleicht auch, weil wir im Ruhrgebiet aufgewachsen sind. Bereits während unserer Schulzeit in den 70er-Jahren setzte dort die Strukturkrise ein. Die Schließung der Stahlwerke und Zechen sorgte für viel Frust und Elend, das wir hautnah mitbekamen. Vor allem meine Schwester. Sie lebte nach ihrem Abitur in Recklinghausen in einer WG und pendelte von dort jeden Tag in die Hutzel-Bäckerei nach Bochum. Wohl aus diesem Geiste heraus hat sie bereits mit 20 Jahren ihre Ministiftung »Aspirina« gegründet. Diese fördert soziale und gemeinschaftsbildende Projekte und will mit ihrer Tätigkeit mögliche Kopfschmerzen vertreiben. Deshalb der Name. Etwa wenn eine kleine Kollektive Startkapital braucht oder ein Bio-Bäcker eine neue Knetmaschine. Viel später hat Anne 2005 für Herrmannsdorf das »Dorf für Kinder und Tiere« geschaffen.

Aber auch mein Vater und mein Bruder waren nicht untätig: Mein Vater gründete ja bereits 1985 die Schweisfurth-Stiftung mit dem Zweck: »Wege zu fördern, die das Leben und die Arbeit in besseren Einklang mit der Natur bringen«. Und dann gibt es die Initiative »Oikos« in Herrmannsdorf. Oikos bezeichnete im antiken Griechenland eine Haus- und Wirtschaftsgemeinschaft und war in unserem Fall der Name für eine etwas andere Jugendakademie.

Jugendakademie »Oikos«

Die Idee zu dieser Jugendakademie entstand in den Schweizer Bergen. Im Emmental. Beim Besuch des ehemaligen Gründers und Direktors der Starnberger Montessori-Schule Martin Schuster und seiner Frau Anja. Beide lebten dort auf fast 1000 Höhenmetern in einem alten Bauernhof mit dem für die Region typischen, tiefgezogenen Holzschindeldach und roten Geranien vor den Fenstern. Zusammen mit einer Gruppe Jugendlicher, die aus der gewöhnlichen schulischen »Laufbahn« herausgefallen waren. Mein Freund Rajko Musulin kannte Martin, weil er einst Werklehrer an dessen Starnberger Schule gewesen war, und meinte: »Komm, wir spielen bei Martin auf!«

Rajko gehört wie elf weitere Musiker zum »Münchner Alphorn-Kollektiv«, das ich 1999 mit der Fotografin und Künstlerin Roswitha Pross gegründet habe. Völlig begeistert über einen jazzenden, netten, bärtigen Alphornbläser kam sie von einem Aufenthalt in der Schweiz zurück und steckte auch mich damit

Fritz Moßhammer, Herbert Köstler, Claus Nageler und ich am Hallstätter See

an. Bruno, der »verrückte« Alphornbläser, besorgte uns und später unserem dritten »Münchner Alphorn-Kollektiv«-Mitglied Claus Nageler, einem Bildhauer aus Starnberg, gebrauchte schweizerische Alphörner. Und schon ging's los.

Alphorn-Blasen ist für mich ein guter Ausgleich zum Business. Der monotone Sound versetzt den ganzen Körper in Schwingung und macht den Kopf total frei. Die Leute, die sich in den folgenden Jahren anschlossen, waren fast ausnahmslos interessante und liebe Zeitgenossen mit den unterschiedlichsten Berufen und Musikstilen. Fritz Moßhammer, vielleicht Österreichs begnadetster Jazz-Bläser, war über Jahre unser Lehrer. Wir hatten Begegnungen und Konzerte, die ich nie vergessen werde. Mit Christian Burchard und »Embryo«, der 40 Jahre alten Experimental-Rock-Band aus München, traten wir in Clubs auf, auf der »Documenta« in Kassel, in der Musikhochschule in Hamburg und tourten durch Deutschland. In verschiedensten Besetzungen haben wir zu den unterschiedlichsten Anlässen geblasen – manchmal auch ich allein –, auf Hochzeiten, Taufen, Firmenfesten in, vor und auf (!) Kirchen, auf Bergen, im Wald, in Schneelandschaften, in engen Räumen, in die die Alphörner kaum passten, auf Plätzen wie dem Jeema N'Fna in Marrakesh. Aber nie alpenländisch-verbrämt, sondern immer frei dem Fluss der Töne folgend, dem Gehör und allenfalls kleinen Absprachen. Und streng ohne Noten. Mit Albert Mangelsdorff, dem genialen Jazzposaunisten aus Frankfurt, der leider vor einigen Jahren verstarb, durften wir mit fünf Alphörnern die »Ebersberger Jazztage« eröffnen. Christian Burchards Liebe zur Gnawa-Musik Marokkos einigt uns, denn wir hatten die Gelegenheit, in Essauoira mit Gnawa-Musikern zu spielen. Das war sehr authentisch und wird sich hoffentlich mit einigen gemeinsamen Auftritten mit unserem Freund, dem Sänger und Gembre-Spieler Youness Paco aus Marokko, wiederholen. Für uns war es also nicht ungewöhnlich, auf Reisen Alphorn zu blasen.

Aber Martin Schuster staunte nicht schlecht, als wir unsere Instrumentenkoffer auspackten und die Einzelteile zu zwei 3,80 Meter langen Hörnern zusammensteckten. Wir verbrachten drei Tage in Stärenegg, und ich erfuhr in langen Gesprächen mit Martin und Anja viel über ihre Jugendarbeit und ihren Erfolg, den jungen Leuten wieder Sinn im Leben zu geben. Da spielt die Gemeinschaft der »neuen Familie« eine entscheidende Rolle. Hier lernen sie nicht nur Respekt und Verantwortung, sondern auch Liebe und Zuneigung, Wertschätzung und Freude. All das, was in ihrer eigenen Familie abhanden gekommen war. Martin gelang es sogar, den jungen Leuten mit seinen Methoden Lesen, Schreiben und Rechnen nahezubringen, wo »normale« Pädagogen längst versagt hatten. Leider waren seine Zöglinge oben am Berg zu isoliert. Die jungen Leute brauchten

Austausch, ein dörfliches oder kleinstädtisches Leben mit aller Normalität, um ans Ziel zu gelangen, so Martins Fazit.

2008, als Martin und Anja ihre Zelte in Stärenegg abbrachen, gründeten wir mit ihnen die »Oikos Jugendakademie – Haus der Lebenskunst e. V.«, um ein ähnliches Projekt in unserer Gegend in Oberbayern aufzuziehen. Da Sonnenhausen für die neu entstehende Jugend-Wohngemeinschaft zu klein war, wurde »Oikos« in Herrmannsdorf bei meinem Bruder angesiedelt. Eine Handvoll 18- bis 26-Jähriger lebten seither ein bis zwei Jahre in der Gemeinschaft und starteten dank der Hilfe von Martin und Anja gestärkt in ihre »Berufung«. Nachdem es in Herrmannsdorf nun auch zu eng geworden ist und das Projekt noch wachsen möchte, sind wir auf der Suche nach einem neuen Standort für die »Oikos Jugendakademie« in unserer Nähe.

Greenpeace Deutschland

Wieder einmal war ich unterwegs. An der Elfenbeinküste zusammen mit Dr. Dodo Liadé. Der westafrikanische Kulturwissenschaftler hatte das Bio-Siegel »Biofair Africa« ins Leben gerufen und verkaufte als Gründer von »Voodoo Food« afrikanische Produkte und Gewürze. Gemeinsam mit ihm wollte ich den Anbau von Bio-Schokolade in kleinbäuerlichen Betrieben seines Landes anstoßen und eine Wertschöpfungskette in die westliche Welt initiieren. Inspiriert durch den beginnenden Schoko-Hype, die Tatsache, dass die Elfenbeinküste der größte Produzent von Kakao war und Dodo gute Kontakte in Regierungskreise hatte.

Also besuchten wir Familienbetriebe im Osten der Elfenbeinküste. Sie bewirtschafteten keine Monokulturbetriebe, wie das im Westen des Landes üblich war, sondern bauten im Unterholz des üppig wuchernden Regenwalds Kakao an. Wie ihre

Väter und Großväter ernteten sie die grün-gelben bis roten Früchte mit Macheten, schälten die Kakaobohnen heraus, um sie ein bis zwei Wochen in ihrem Saft zu fermentieren. Anschließend trockneten die fermentierten Samen, aus denen das zart auf der Zunge zergehende Etwas gemacht wird, in der Sonne vor ihren Hütten.

Um ein Gefühl für die Absatzmengen für Bio-Kakao zu bekommen, nahm ich nach unserer Reise Kontakt zu Alfred Ritter auf, dem Chef der Schokoladenfabrik »Ritter-Sport«. Er begann gerade mit der Produktion seiner quadratischen Tafeln in Bio-Qualität. Ich kannte Alfred und seine Frau Rosario gut. Er war jahrelang Mitglied des Kuratoriums der Schweisfurth-Stiftung, und da Alfred ein offener, interessierter Zeitgenosse ist, der gerne ausgiebig diskutiert, lud er Dodo und mich spontan zu einem Abendessen in sein Lieblingsrestaurant im baden-württembergischen Waldenbuch ein. Der damalige Vorsitzende von »Greenpeace International«, Gerd Leipold, kam ebenfalls dazu; Alfred war bekannt für sein großes ökologisches wie soziales Engagement, und Gerd war wohl gekommen, um Alfred als »Greenpeace«-Sponsor zu gewinnen.

Gerd Leipold kannte ich vom Namen her. Natürlich. Schon als Jugendlicher hatte ich das »Greenpeace«-Plakat mit dem abtauchenden Wal in meinem Zimmer hängen und war Fördermitglied. Und wer sich in den 80er-Jahren Menschenketten anschloss, um »Nein« zur Stationierung amerikanischer Atomraketen zu sagen, und gelegentlich gegen Atomkraft demonstrierte, kannte diesen Greenpeaceler der ersten Stunde. Später zu »Basic«-Zeiten gestattete ich den lokalen »Greenpeace«-Gruppen, vor unseren Märkten Kunden und Passanten zu informieren und sie gegebenenfalls als Fördermitglieder zu werben – übrigens die effizienteste Methode des Fundraisings.

Ruhig und entspannt mit einem sehr intelligenten Geist brachte sich Gerd, dieser Vorkämpfer der Öko-Bewegung, auch in das anschließende Brainstorming ein. Nachdem die geschäftlichen Themen besprochen waren und die Idee gesponnen wurde, eine Internet-Seite einzurichten mit dem Titel: www.wenn-ich-bundeskanzler-waere.de. Eine interaktive Plattform, auf der man – ohne um die eigene Wiederwahl bangen zu müssen – mitbestimmen kann, wo die Reise mit Deutschland hingehen soll. Gewitzte Blödelei.

Da fragte Gerd plötzlich, ob wir uns nicht vorstellen könnten, für den deutschen Aufsichtsrat von »Greenpeace« zu kandidieren. Alfred hatte dafür keine Kapazitäten, aber ich begann zu überlegen. Ich wollte wissen, was das bedeuten würde, welchen Zeiteinsatz es erforderte.

»Der Aufsichtsratsposten ist ein Ehrenamt. Nur Spesen werden übernommen«, erfuhr ich. Das Engagement von »Greenpeace« deckt sich mit meiner Überzeugung und meiner kämpferischen Ader, und es imponiert mir, dass sich die Organisation nie dem Vorwurf der Vetternwirtschaft ausgesetzt hat. Gleichzeitig fühlte ich mich geschmeichelt und sah das Angebot als Ehre an, bei so einer schlagkräftigen Organisation mit dabei zu sein.

Ich stellte mich im November 2007 auf der jährlichen Mitgliederversammlung in Hamburg zur Wahl. 40 Greenpeaceler stimmten ab, ob ich zur 6-köpfigen Aufsichtsratsriege zählen sollte oder nicht. Unter ihnen viele große Kämpfer der ökologischen Bewegung wie Harald Zindler, der in den Anfangsjahren von »Greenpeace Deutschland« den Schlot der Pestizidfabrik Boehringer erkletterte und sich – um gegen die Dünnsäureverklappung in der Nordsee zu demonstrieren – ins Bugwasser der auf ihn zusteuernden Kronos wagte. Daneben der Anwalt Dr. Klaus Rollin und der damalige Kopf des Wuppertal-Instituts für Klimaforschung, Wolfgang Sachs. Sie alle schenkten mir ihr Vertrauen, und seither bin ich Aufsichtsrat. Hier erlebe ich seit nun über vier Jahren, wie professionell »Greenpeace« nach innen und außen geführt wird und wie konsequent die Unabhängigkeit gegenüber Industrie und Politik verfolgt wird. Im Vergleich zur Umweltorganisation WWF. In deren Komitees sitzen Vertreter von Industrie und Politik. Diese zu enge Kooperation mit Umweltzerstörern wie Ölkonzernen und Militärdiktaturen kritisiert auch der Journalist Wilfried Huismann in seinem Buch ›Schwarzbuch WWF‹, gegen das die Organisation mit einer einstweiligen Verfügung vorging. Mich ärgert außerdem, dass der WWF ein Unterstützer der grünen Gentechnik ist. Das wissen die wenigsten.

Unabhängig von Parteien, Politik und Industrie zu sein macht den Erfolg von »Greenpeace« aus, und natürlich auch der unermüdliche und verantwortungsvolle Einsatz all der ehrenamtlichen Aktivisten (500 gibt es allein in Deutschland, weltweit 12 000). Sie protestieren auf Kühltürmen von AKWs gegen Kernkraft und versenken am Sylter Außenriff Felsbrocken, um auf die zerstörerischen Fischfangmethoden und den Sand- und Kiesabbau hinzuweisen. Oder tanzen als Flashmob vor Modegeschäften. Um »Nike«, Adidas«, »H&M« oder »C&A« aufzufordern, ihre Mode zu »entgiften«, während »Greenpeace«-Mitarbeiter mit den Mode- und Sportartikelherstellern verhandeln. Damit diese beim Färben und Veredeln künftig auf gefährliche Chemikalien verzichten, die die Flüsse in der Umgebung der Fabriken in China, Bangladesch oder in Indien verunreinigen.

Bevor allerdings eine solche Kampagne wie die »Detox«-Aktion ausgegeben wird, ist diese im Sinne der Satzung, der Gemeinnützigkeit und der Sicherheit zu prüfen. Das ist unsere Aufgabe. Ebenso wie die erfolgreichen Kampagnen zum Atomausstieg – forciert durch die Katastrophe in Fukushima.

Ich war zufällig am 11. März 2011 zu einer Aufsichtsratssitzung im Elbspeicher in Hamburg, dem Sitz der Deutschland-Zentrale, als die Nachricht vom Super-GAU in Fukushima eintraf. Als bekannt wurde, dass es nach einem schweren Erdbeben und einem Tsunami zu einer Kernschmelze im AKW Fukushima Daiichi gekommen war, dass radioaktive Gase und Flüssigkeiten in großen Mengen freigesetzt worden waren und weite Gebiete um das Atomkraftwerk evakuiert werden mussten. Die Telefone in Hamburg liefen heiß, in Windeseile wurde ein Expertenteam zusammengestellt und nach Japan entsandt, um dort Messungen zu machen und der Wahrheit auf den Grund zu gehen. Nun war der Super-GAU, vor dem »Greenpeace« seit Jahren permanent gewarnt hatte und deshalb unermüdlich den weltweiten Ausstieg aus der Kernenergie forderte, eingetreten. Und zwar ziemlich genau 25 Jahre nach Tschernobyl. Es war richtig, all die Jahre auf das Thema Atomausstieg zu setzen! Und beeindruckend, wie die Maschinerie »Greenpeace« ruckzuck auf Hochtouren lief.

Unermüdlich beantworteten »Greenpeace«-Mitarbeiter Presseanfragen und arbeiteten drei Monate lang rund um die Uhr. »Greenpeace«-Gesichter tauchten wochenlang in jeder Nachrichtensendung auf. Im Dienste der öffentlichen Aufklärung. »Greenpeace« ist in sochen Fällen die mit Abstand glaubwürdigste Institution: Sie rüttelt nicht nur auf, sondern liefert als einzige Organisation fundierte, verlässliche und unabhängige Informationen. Vor allem, weil sie stets weltweit aktiv ist und Experten in allen Ländern hat.

Die »Kernkraft« dieses Wissens ist unser Campaigner-Geschäftsführer Roland Hipp. Er setzt alles daran, die Energieversorgungsunternehmen zu pieksen, und ist ein gefürchteter Gesprächspartner in öffentlichen Talkrunden. Durchschaut er doch die Atomlobby wie kein anderer.

Nebenbei ist es gut zu wissen, dass wir trotz Finanzkrise im vergangenen Jahr ein Spendenvolumen in Deutschland von 50 Millionen Euro überschritten haben. Das ist zwar kein Gradmesser für den ökologischen Zustand unserer Erde, signalisiert aber steigende Solidarität und steigendes Bewusstsein.

Utopia

Kurz nachdem ich bei Greenpeace Deutschland in den Aufsichtsrat gewählt worden war und unsere Bemühungen, ökologischen Kakaoanbau zu initiieren, an der vorherrschenden Bakschisch-Mentalität scheiterten (wir hätten bereits für Ausfuhrgenehmigungen Geld zahlen sollen, viel Geld), schied ich im Sommer 2008 bei »Basic« als Aufsichtsrat wieder aus. Interimsmäßig hatte ich den Posten nach dem Tumult um den Einstieg von »Lidl« bei »Basic« übernommen. Danach kümmerte ich mich mehr um die »eigene Scholle« in Sonnenhausen, das Tagungshotel mit seinen 7 Seminarräumen, den 33 Zimmern und 70 Betten.

Während meiner verschiedenen Unternehmungen in den Vorjahren hatte ich glücklicherweise Nathalie Menne als meine rechte Hand in Sonnenhausen. Meine Kinder waren – bis auf Sophie, die noch zur Schule ging – flügge: Max studierte nach seiner Kochlehre in New York Betriebswirtschaft, Anna machte eine Schneiderlehre in München. Auch mein Vater wartete nicht mit einer weiteren Familienaufgabe auf. Obwohl er mich gerne als Mitarbeiter bei seinen weltweiten Beratungsprojekten dabeigehabt hätte. Im Mittelpunkt seiner Arbeit steht die symbiotische Landwirtschaft. Sie sieht vor, dass alle Tiere in gegenseitigem Nutzen im Stall, auf der Weide, der Koppel etc. zusammenleben. Während das sogenannte »Schlachtfesthaus« Bio-Bauern bei der Vermarktung ihrer Produkte mit einem kleinen dezentralen Schlachthaus und einer Metzgerei als Laden helfen soll. Wie sich das umsetzen lässt, welche technischen Einrichtungen nötig sind und welche Produkte sinnvoll, dazu berät mein Vater mit einem Stamm von fünf Experten. Doch ich hatte andere Pläne.

Für mich war »Bio für alle« als Mission erfüllt. Andere folgten uns nach. Die Produktion von ökologischen Lebensmitteln über die Zertifizierung bis hin zur Vermarktung stand auf soliden Füßen, der Aufruhr um »Basic« beruhigte sich langsam, und ich hatte mit meinen knapp 50 Jahren ordentlich Bio-Erfahrung angesammelt. Inklusive der Tiefen und Höhen, die dazugehören. Wer keinen Sturm kennt, kennt keinen Hafen.

»Ich habe verfolgt, was Sie machen ...«, sagte Claudia Langer am Telefon.

Sie hatte im November 2007 die Plattform »Utopia« ins Netz gestellt. Mit dem Ziel, das grüne Wirtschaftswunder einzuläuten und Millionen Menschen anzuregen, ihr Konsumverhalten und ihren Lebensstil nachhaltig zu verändern.

»... sehr spannend«, meinte sie und fügte an: »Hätten Sie nicht Lust, unserem Stiftungsgremium beizutreten?«

Sie erklärte mir, dass sie dafür bereits den Schauspieler Axel Milberg und die Moderatorin Sandra Maischberger gewinnen konnte. Daneben Wolfgang Sachs, den ich ja kannte, den ehemaligen Chef des Instituts für Klima, Umwelt und Energie, Gerhard Scherhorn, Rainer Grieshammer vom Ökoinstitut in Freiburg, Lucia Reisch, Daniel Dahm und Martin Kleene. Alles bekannte Namen in der Szene und Claudia Langer mittendrin als unglaublich positive und kommunikative Anchor-Frau.

Zusammen mit ihrem damaligen Mann Gregor Woeltje hatte sie eine gut gehende Werbeagentur und ertappte sich nach der Geburt ihrer drei Kinder bei der Frage: »Wie erkläre ich meinen Sprösslingen mal, dass ich für Unternehmen wie Deutsche Bank und Burger King arbeite, die sicher nicht genug zur Lösung der globalen Probleme beitragen?« Als »heilige Pflicht« war ihr plötzlich klar, sich für die Welt ihrer Kinder engagieren zu müssen, anstatt immer so weiterzumachen.

Ihre junge, moderne Plattform ist eine Mischung aus redaktionellen Beiträgen, aktiver Community und Informationspool. Mit jeder Menge Nachhaltigkeits- und Einkaufstipps, grünen Investments, Jobs sowie einem Überblick über alle Bio-Siegel.

Mich hat das Thema Internet eigentlich nie so richtig interessiert. Ich bin kein Surfer, kein Community-Freak, bin nicht bei Facebook. Aber die Vision dieser Frau, ihre unbändige Kraft und ihr Überzeugungstalent haben mir gefallen. Selbst Wirtschaftsbosse überzeugt sie schnell, ihren Ideen zu folgen. Also sagte ich nach einiger Zeit zu diesem weiteren Ehrenamt: »Ja!«

In fast familiärer Atmosphäre fanden die ersten Treffen der Stiftungsmitglieder in Claudias Büro in Solln statt – moderne Quader-Architektur, vorbildlich gedämmt, mit vielen Recycling-Materialien ausgestattet. Die Stimmung war ausgelassen, man duzte sich als Mitstreiter sofort, wie das bei NGOs – eben auch bei »HRW« oder »Greenpeace« – üblich ist. Vermutlich weil sich hier eher die linke Szene trifft, die schon immer auf Konventionen gepfiffen hat und alle als gleich ansieht, um gemeinsam für eine Sache einzutreten. Auch wenn man schon etwas arrivierter ist und zum Teil mit Professorentitel und gelegentlich mit Krawatte daherkommt.

Später fanden unsere Treffen in Berlin statt. Dorthin war das Büro von Claudia umgezogen, um noch näher am Brennpunkt zu sein. Der verlängerte Arm von Utopia München sozusagen. Man muss mit seinen Aktivitäten immer dahin, wo die entscheidenden Menschen sind oder die Not am größten ist. Aus diesem Grund entstand die grüne Partei da, wo am meisten Dreck und Umweltzerstörung waren – im Ruhrgebiet: Bei der Europawahl damals am 16. und 17. März 1979 trat die »Sonstige politische Vereinigung« Die Grünen mit Petra Kelly und Herbert Gruhl als den Spitzenkandidaten an und erreichte 3,2 Prozent der Stimmen. Am 12. Dezember 1979 gründeten in Bochum 77 Mitglieder aus dem ehemaligen »Rotthaus-Plenum« (benannt nach einer Szene-Kneipe in Langendreer) in der Gaststätte »Goeke«, Josephinenstraße, den Kreisverband Die Grünen Bochum.

Bei unseren Utopia-Treffen legten wir strategische Ziele fest und überlegten, wie wir die Reichweite der Seite erhöhen könnten. Etwa durch Information. Also produzierte ich als Fachmann für Bio-Lebensmittel mit den »Utopia«-Leuten kleine, auf »Youtube« abrufbare Videofilme zum Thema öko-korrekter Einkauf. Später verlieh die Utopia-Stiftung den »Utopia«-Award. Im Oktober 2010 wurde dieser Preis zum ersten Mal vergeben: an den Umweltaktivisten Jochen Stay, die Gründerin der westfälischen Umweltorganisation »Urgewalt«, Heffa Schücking, die »Prinzessinnen Gärten« in Berlin, den Bergsport-Ausrüster »Vaude« und die Drogerie-Kette »dm«.

Im gleichen Jahr hatte Claudia zusammen mit dem Kommunikationsprofi und NGO-Experten Martin Kleene auch die Idee zum genialen Changemaker-Manifest: Statt auf politische Entscheidungen zu warten, verpflichten sich Unternehmen in diesem Manifest, zehn selbst entwickelte und messbare Umwelt- und Sozial-Ziele in einer selbst gewählten Zeitperiode zu erreichen. Um Teil der »Neuen Deutschland AG« zu werden.

Weil »Utopia« damals in aller Munde und Nachhaltigkeit eine zierende Feder war – die Werte-Debatte war in vollem Gange, Cooperate Social Responsibility (CSR) gehörte zum guten Ton und somit auch das Thema Nachhaltigkeit –, fanden sich schnell die ersten Changemaker: »Bionade«, »Frosta«, »GLS Bank« oder »Otto«. Sie legten fest, weniger Ressourcen zu verbrauchen, Strom aus erneuerbaren Quellen zu nutzen, Emissionen drastisch zu reduzieren, eigene Produkte zu recyceln … Und das innerhalb eines bestimmten zeitlichen Rahmens. Den Stempel »nachhaltig« würde kein Unternehmen sofort erhalten, und Claudia ist das schlechte Gewissen der Chefs. Der Ansatz ist sehr gut. Er bietet zeitlich flexible Lösungen, denn man muss nicht alles auf einmal umsetzen. Doch wird es die Aufgabe der nächsten Zeit sein, die Ziele zu standardisieren und eine unabhängige Zertifizierung zu entwickeln.

Unternehmen und Nachhaltigkeit

Wie ist das eigentlich mit diesen sogenannten Change-Prozessen in Unternehmen? Es ist sehr schwierig, ein altes, gewachsenes, großes Industrieunternehmen umzuwandeln, beispielsweise auf Bio. Wir hatten den Fall mit »Herta« ja in der eigenen Familie. Die komplette Wertschöpfungskette hätte unter die Lupe genommen werden müssen, die Beschaffungs-, die Verarbeitungs- und die Vermarktungsstruktur. Ebenso wie die Stabsabteilungen Marketing, Werbung und PR. Dies sind alles Dinge, die oft über 100 Jahre so gewachsen sind und eine gewisse Stabilität und auch Verlässlichkeit darstellen. Die Gefahr, Umsatzeinbußen hinnehmen zu müssen oder sogar aus dem Markt gekickt zu werden, ist groß, wenn man zu schnell umstrukturieren will. Das mussten einige Unternehmer bitter erfahren. Die Gewinne, die man mit Lebensmitteln macht, sind beim Handel, aber auch bei der Industrie prozentual zum Umsatz so gering, dass man mit jeder größeren Veränderung dieser Struktur erst einmal in die roten Zahlen gerät. Unweigerlich. Größe ist eben sehr anfällig und unflexibel.

Ich habe einen sehr großen Respekt vor den Lebensmittel-Unternehmern, die über Jahrzehnte peu à peu ihre Familienunternehmen maßgeblich umgestellt haben. Da hatten es diejenigen mit einer eigenen Endverbraucherstruktur wie die »Hofpfisterei« in München sicher leichter als reine Hersteller wie der Babynahrungsmittelhersteller »Hipp« oder (fast) reine Vermarkter wie »Tegut«. »Tegut« hat sich sehr weise schon vor über zehn Jahren vertikal integriert, indem er mit der KFF (kurhessische Fleischwaren) eine eigene Bio-Metzgerei gegründet hat und mit der »Herzberger« eine eigene Bio-Bäckerei.

Ein inhabergeführtes Unternehmen hat, wenn der Boss es will und selbst dahintersteht, gute Chancen, die Veränderung zu meistern. Anders ist es mit großen Aktiengesellschaften, in denen nur noch angestellte Manager wirken und die Verantwortung tragen. Kommt ein Neuer, werden die Strategien der Vorgänger gerne gekippt. Nachhaltige Unternehmensstrategien haben es da in jeder Hinsicht schwerer als in Familienunternehmen, in denen langfristig Menschen mit ihrem Namen dahinterstehen.

Die Gründung eines neuen Unternehmens ist aus dieser Sicht betrachtet ein echter Luxus und bedarf kaum eines Change-Makings: Du kannst dir die Leute aussuchen, die zu deiner Geschäftsidee passen, weil sie auch Lust auf diese haben. Auch Lieferanten und Kunden kannst du dir aussuchen, die zu dir passen. Und Nachhaltigkeit von vornherein den richtigen Stellenwert geben. Wie das bei »Herrmannsdorfer« oder »Basic« der Fall war, die viele dieser Aspekte erfüllen. Natürlich wird die Welt klüger, es kommen neue Einsichten dazu, die helfen, das eigene Nachhaltigkeitspotenzial zu verbessern. Das ist dann aber leichter umzusetzen, wenn man nicht bei Null anfangen muss.

Dennoch: Jedes Unternehmen, auch ein Konzern, muss sich dem Thema stellen. Sich bewusst werden, was produziert wird, und Entscheidungen unter dem Aspekt des *Impacts* auf die Welt hin prüfen. Es geht bei CSR nicht nur um die Behandlung der Mitarbeiter und den Abfall im Büro, den Verbrauch der Flotte, sondern vor allem um die Produkte, die das Unternehmen herstellt. Für die Bereiche, für die es (noch) keine gesetzlichen Vorgaben oder Verbote gibt – wie das größtenteils bis heute der Fall ist –, muss die Firma sich selbst an die Kandare nehmen. Zwar ist es nicht verboten, viel Energie zu verbrauchen. Und man wird vom Gesetzgeber auch nicht gezwungen, den sogenannten *carbone footprint* seines Unternehmens zu reduzieren. Nicht einmal aufgefordert, nicht länger Ressourcen und Waren aus Betrieben irgendwo in der Welt zu beziehen, die Kinder, Näherinnen oder Bergarbeiter ausbeuterisch und unter menschenverachtenden Bedingungen arbeiten lassen. Oder nicht weiter Arzneimittel zu produzieren, die an Tieren (und sogar an Menschen) ausprobiert werden, und Tierfutter, das in den Mastanlagen gentechnisch verändert ist. Da zucken viele immer noch nur mit den Schultern und kommentieren: »Na und? Ist halt so. Der Wettbewerb ist hart, oder sollen wir Arbeitsplätze riskieren?«

Auch ohne gesetzliche Verpflichtung sollte jedes Unternehmen, das nach solchen Prinzipien produziert, aus freien Stücken umdenken. Aus moralischen, ethischen und ökologischen Bedenken und nicht erst, wenn es zu Skandalen kommt. Oder die Ökosysteme für die weitere Produktion nicht mehr taugen, weil das kurzfristige Denken und Ausbeuten sie zerstört hat.

Dass immer mehr Unternehmen diese Verantwortung erkennen – auch die größeren –, sehe ich bei meinen Aktivitäten für »Invera«. Seit 2004 bin ich Mitglied des Ethikkomitees eines Schweizer Fonds und beurteile durch Beobachten, Nachfragen und Abwägen die Nachhaltigkeits- und Ethikperformance aller großen börsennotierten Firmen in Europa. Zusammen mit acht weiteren Kolleginnen und Kollegen. Bis zu 120 Unternehmen durchleuchten wir bei dieser Stakeholder-Analyse pro Jahr. Auf ihr soziales und ökologisches Engagement hin. Also auf das, was wir als nachhaltig bezeichnen. Aber auch dahingehend, wie sie sich gegenüber ihren Kunden und Lieferanten verhalten, wie viel der CEO im Vergleich zum »untersten« Mitarbeiter verdient und ob ethische Ausschlusskriterien wie Waffen, Prostitution oder menschliche, embryonale Stammzellenforschung betroffen sind. Dieses Wissen wird für die Zusammensetzung von Fonds genutzt und jeder Einzeltitel regelmäßig neu analysiert. Um Verbesserungen, gelegentlich auch Verschlechterungen wahrnehmen zu können und entsprechend im Mix des Fonds zu reagieren.

Es ist nicht verwunderlich, dass die Firmen, die am meisten Schäden mit ihrer Produktion anrichten und allgemein am wenigsten für das Gemeinwohl, für die Natur und die Umwelt tun, oft diejenigen sind, die die höchsten Gewinne einfahren.

Würden aber 20 Prozent des Kapitals, das angelegt werden kann, in ökologisch nachhaltige Anlagen fließen (im Moment sind wir hier im Promillebereich), würde das einen gewaltigen Ruck geben. Immer noch fließen viel zu viele Mittel in die falschen Kanäle. In die »Schweinchen«-Sektoren – wie ich sie nenne. Weil bei der Atomenergie, bei Exploitationsunternehmen, die seltene Erden oder Uran unter großen Gefahren für Mensch und Umwelt (Säuren, giftige Gase, Radioaktivität) abbauen, bei Finanz-Derivaten, hinter denen keine realen Wirtschaftsströme stehen, oder etwa der unseligen Spekulation um Lebensmittelpreise am meisten Geld verdient wird. Das macht die Sache mit dem Bewusstsein so schwer.

Von Superreichen kann man immer wieder hören, dass sie sich gerne nachhaltig einbringen würden. Aber in den sogenannten *Family Offices*, den privaten Vermögensverwaltungen, sitzen Banker, und die denken in Risiken und in Performance. Die gehen nicht risikofreudig in den Nachhaltigkeitsbereich, weil sie nicht auf die Performance verzichten wollen, die sie kurzfristig mit den weniger ethisch-sozial-ökologischen Anlagen haben. Sieht man mal von den hochsubventionierten Branchen wie der Solarindustrie ab. Die Bad-Banker wollen viel zu viel Rendite rausholen. Das verstehen sie als ihre einzige Daseinsberechtigung. Also raten sie zu Anlagen, in denen es nicht selten um Waffen, verbotene Chemikalien (zum Beispiel bei BASF, die in Europa verbotene Pestizide für Afrika herstellt), Rohstoffe und spekulative Geschäfte geht, die Traumrenditen von 10 bis 15 Prozent versprechen. Diese haben aber bedenkliche *side-effects*, wie die bereits erwähnten Lebensmittelpreis-Spekulationen, die das Prinzip von Angebot und Nachfrage aus den Angeln heben und die Lebensmittel zu teuer werden lassen. Und das heißt: immer mehr Hunger bei den Ärmsten der Armen. Also Augen auf beim Investieren und sich bewusst machen: Was mache ich mit meinem Geld und welche Folgen hat es, auf bestimmte Branchen und Unternehmen zu setzen? Natürlich will jeder Aktionär Rendite und Dividende auf seinem Konto sehen. Doch bei dieser Bilanz kommt die Kostenseite der Natur meist zu kurz. Der ökologische Schaden, den spekulative Hasardeur-Spiele, Monokultur, Brandrodung, Belastung der Flüsse oder Tiefseebohrungen zur Folge haben, schmälert ja erst nach Jahren das Ergebnis. Dann allerdings ist es zu spät, jedenfalls für die Natur und das Gemeinwohl.

Als Unternehmer trägt man in jegliche Richtung Verantwortung und ist Vorbild. Als Sonnenhausen mehr und mehr zu einem Seminarhaus für Firmen wurde, habe ich die Order ausgegeben: »Keine Rüstungsfirmen!« Ich hatte mitbekommen, dass uns einmal eine solche Firma gebucht hatte. Im Allgemeinen bin ich nicht kleinkariert. Jedes Unternehmen sollte meiner Meinung nach die Chance haben, sich (langsam!) zu verändern. Der folgende »Zwischenfall« mit Leuten von »Danone« etwa zeigt, dass das möglich ist. Das A-Team des probiotischen Drinks Actimel absolvierte bei uns gerade einen Firmenworkshop, als die Organisation »Foodwatch« von Thilo Bode auf allen Kanälen meldete, dass der »Goldene Windbeutel 2009« für die dreisteste Webelüge des Jahres im Lebensmittelbereich an »Danone« ging. Ausgerechnet für Actimel. Wurde für dieses Produkt doch behauptet, es beuge Erkältungskrankheiten vor. »Foodwatch« sagte, ein Test hätte ergeben, der Drink stärke das Immunsystem auch nicht mehr als irgendein herkömmlicher Naturjoghurt, sei aber viermal so teuer und doppelt so süß.

Als der Leiter des »Danone«-Teams das auf seinem Laptop oder Handheld sah, wurde er sehr nervös, um es vorsichtig auszudrücken. Und da wir in Sonnenhausen von Gründung an für »Foodwatch« werben und er sich in diesem Moment daran erinnerte, forderte er uns unter Androhung von Stornierung aller Danone-Veranstaltungen in unserem Hause (nicht wenige!) auf, die »Foodwatch«-Flyer zu entfernen. Was wir natürlich nicht taten, weil wir die Arbeit von »Foodwatch« schätzen. Wenn »Foodwatch« solche Trophäen vergibt, will man natürlich die Verantwortlichen ordentlich ärgern, um sie aufzuscheuchen. Damit die Leute sich fragen: Was machen wir vielleicht falsch? Können wir etwas verbessern? Im Nachhinein kann ich die Reaktion des Teamleiters verstehen, wenn auch nicht akzeptieren. Viele Manager leben in einem Kokon und kümmern sich ausschließlich um ihre Firma und ihr Produkt. Sie haben gar keine Zeit mehr, links und rechts zu schauen.

Viel hat sich seitdem bei »Danone« getan: Heute entwickelt der Lebensmittelkonzern eine echte Nachhaltigkeitsstrategie, und die kommt von »ganz oben«. Nämlich aus der »Danone«-Familie in Frankreich. Sie planen, langfristig weltweit nur noch gentechnikfreie Milch zu verarbeiten, und fragen sich, wie sie sich auch sonst ökologisch verbessern können. Die Kunststoffflasche von Actimel stellen sie nicht mehr aus Erdöl, sondern aus nachwachsendem Zuckerrohr her. Statt »Actimel aktiviert Abwehrkräfte« lautet der Slogan heute: »Actimel: Starker Start in den Tag«, und bei der Produkterläuterung wird auch nicht mehr auf die tollen Abwehrkräfte eingegangen, die dadurch gefördert werden können. Nein, es heißt jetzt: »Actimel enthält einen Mix aus herkömmlichen Joghurtkulturen und der besonderen Kultur L. Casei Defenis«, so die Webseite. »Dadurch erhält Actimel seinen einzigartigen und frischen Geschmack. Zudem hat Actimel sehr hohe Qualitätsstandards, die stetig überprüft werden. Dazu gehört z. B. ein ausgezeichnetes Sicherheitsprofil, welches in mikrobiologischen und toxikologischen Untersuchungen bestätigt wurde.«

Genau diese Kehrtwende wollten die »Foodwatcher« bewirken. Dafür sind NGOs da. Sie wollen keine Skandale produzieren um der Skandale willen. Sie sind keine Chaoten, sondern wollen zum Umdenken und Handeln anregen. Auch der *policy* von Greenpeace geht es nicht ums Radaumachen. Sie will Umweltsünden aufdecken, wie zuletzt mit den Bildern von den riesigen Köhlereien im Amazonasgebiet. Dort wird mit illegal abgeholzten Bäumen das sogenannte *pig iron* hergestellt, Roheisen. Dazu wird Eisenerz zusammen mit Koks in Hochöfen verfeuert. Der Koks verbrennt bei cirka 2300 Grad zu Kohlenstoffmonoxid, es entsteht Roheisen. Grundstoff für die Herstellung von Stahl.

Auf Missstände hinzuweisen und gleichzeitig offen für Gespräche mit der Industrie und der Politik zu sein, damit Entwicklung möglich wird, das ist die Stärke von Greenpeace. Und das ist auch ihre Strategie. Immer wieder werden Greenpeacler gefragt, warum sie sich mit den »Feinden« an einen Tisch setzen, das sei doch gegen das Prinzip. Nein. Ist es nicht. Es geht um die Sache, darum, etwas zu verändern. Um das zu erreichen, muss man auch politisch denken und handeln. Die Erfolge sprechen für sich.

Natürlich haben große Bereiche in Industrie und Handel nach wie vor den »Ohne mich«-Hut auf und wollen gerne alles so »wie immer« belassen. Höchstens aus Marketing-Überlegungen heraus und nicht aus Überzeugung bewegen sie sich Richtung Nachhaltigkeit und finden dieses Öko-Getue eher lästig.

Ich durfte einmal bei der Führungsriege eines großen deutschen »Lebensmittlers« ein wenig hinter die Kulissen schauen. Das waren tolle Kaufleute, aber sie betrachteten die Welt durch eine völlig andere Brille als unsereins. »Wir unterstützen die deutschen Bauern«, hieß es, »zum Beispiel in Portugal.« Dort hätten sie den schönen, großen, deutschen Blumenkohl in ihren Märkten eingeführt, und der würde boomen! »Die Portugiesen wollten doch ihre heimischen, schrumpeligen und kleinen Kohlköpfe nicht mehr.« Und so konnte ein deutscher Gärtner mit ihnen seinen Umsatz von fünf Millionen nach 10 Jahren auf 500 Millionen steigern, berichteten sie stolz. Dazu braucht man eigentlich nichts mehr zu sagen.

Ich erzähle noch eine kleine Geschichte aus dem richtigen Leben, die anschaulich macht, was man so alles nicht auf den ersten Blick sieht: Ein britischer Truckfahrer, der für »Tesco«, »Coop«, »Aldi« und andere Discounter Tiefkühlpizza, Gemüse, Eis und so weiter durch ganz Großbritannien transportiert, hat mir mal erzählt, dass er für einen ganz bestimmten Discounter »never again in my life« arbeiten würde.

»Warum?«, hakte ich nach. »Die Discounter sind doch alle gleich.«

Darauf er: »Du hast keine Ahnung, was der Unterschied ist. Die großen Verteilerlager, ja, die sehen meist alle gleich aus. Und ich muss sagen, ich arbeite sehr gern für ›Aldi‹: Dort ist alles perfekt organisiert. Du hast tolle Ruheräume, Duschen, Toiletten, und innerhalb einer Stunde ist deine Ladung gelöscht. Bei dem anderen ist es das genaue Gegenteil: Du wartest acht Stunden auf das Löschen deiner Ladung, wirst schlecht behandelt, die Trucker machen zwischen die mit Lebensmitteln beladenen LKWs, weil es keine Toiletten und erst recht keine Duschen und Aufenthaltsräume gibt. Das tue ich mir nicht mehr an, das ist menschenunwürdig!«

Die Schweisfurth-Stiftung

Wer ist eigentlich verantwortlich für das Bauernsterben in den letzten 20 Jahren? Die Discounter, die die Preise kaputt machen? Die Politiker, die das zulassen? Oder die Verbraucher, die gerne billig einkaufen?

Es wird immer das preiswertere Angebot geben, das gehört zum Wettbewerb. Der Preis für die ständig wachsenden Billigangebote ist jedoch hoch. Bezahlen müssen ihn die Bauern. Sie erhalten Billiglöhne und Ramschpreise für ihre Tiere und Produkte und werden zum Optimieren oder Aufgeben gezwungen, solange ordnungspolitisch nichts dagegen geschieht. 80 Prozent der Menschen kaufen vorwiegend preisbewusst ein. Das ist ein Standardwert, an dem sich nichts ändern wird. Mit sinkendem Wohlstand wird sich dieser Anteil vielleicht noch steigern. Dennoch muss der Gesetzgeber Grenzen dafür setzen, denn es geht hier auch um die Frage, wie niedrig ein Preis auf wessen Kosten sein darf. Doch Veränderung kommt immer von zwei Seiten: Auch wir Bürger sind zum kritischen Konsum aufgefordert und sollten bestimmte Dinge aus ethischen, ökologischen oder sozialen Gründen nicht mehr kaufen.

Mit Gründung der Schweisfurth-Stiftung wollte mein Vater eine Art Gegenpol zur »Lidlisierung der Lebensmittelbranche« – wie er es nennt – schaffen und als Mentor für eine neue, andere Lebensmittelwirtschaft eintreten. Für die kritischen, qualitätsorientierten Konsumenten, die 20 Prozent der Käuferschicht ausmachen. Bis zu 95 Prozent der Lebensmittel heute sind Industrieprodukte. Das fängt meist schon auf dem Acker an, und auch Bio-Bauern sind bisweilen davor nicht gefeit.

Die Stiftung arbeitet daran, ein noch stärkeres Bewusstsein dafür aufzubauen. Sie hält das Lebensmittelhandwerk hoch, ebenso das Regionale und versucht den Umgang mit den uns anvertrauten »Nutz«-Tieren zu verbessern. Alles begann mit dem Öko-Landbau. Es wurden Vorträge gehalten, es wurde diskutiert, gestritten, publiziert. Praktiker und Wissenschaftler, zum Teil international anerkannte Größen, die sich mit diesem und anderen Umweltthemen beschäftigen, gaben sich in der Stiftung ein Stelldichein. Etwa der Physiker Hans-Peter Dürr, der 1987 die Initiative Global Challenges Network gegründet

80. Geburtstag von Karl-Ludwig Schweisfurth
mit Karl, mir, Anne und seinen drei Schwestern

hatte und im selben Jahr mit dem Alternativen Nobelpreis ausgezeichnet wurde, der Umweltaktivist und Berater von Jimmy Carter, Amory Bloch Lovins, oder die Biologin Christine von Weizsäcker. Weizsäcker arbeitet seit 30 Jahren an den Fragen der Technikfolgenabschätzung und gestaltet seit 1994 die internationalen Verhandlungen zur Konvention über biologische Vielfalt.

Heute finden im 150 Quadratmeter großen Saal der Schweisfurth-Stiftung auch viele Veranstaltungen von anderen Einrichtungen und Institutionen statt, die sich mit »unseren« Themen befassen. Viele Projekte erfolgen heute in Kooperation mit NGOs wie dem BUND, mit der Evangelischen Akademie in Tutzing, mit der Genießervereinigung Slow Food Deutschland und mit diversen Instituten von Hochschulen. Diese Begegnungsstätte ist am Südlichen Schlossrondell des Schlosses

Nymphenburg in München angesiedelt. Der Standort war meinem Vater immer wichtig. Er meint wohl, dass er der gedanklichen Arbeit, die dort stattfindet, die nötige Ernsthaftigkeit und Würde verleiht. Vom großen Saal aus blickt man nämlich auf die vordere Front des Nymphenburger Schlosses und auf die großen Wasserbecken, die sich davor befinden. Kurfürst Ferdinand Maria gab den Auftrag für die Schlossanlage 1664 als Geschenk für seine Frau Adelheid von Savoyen, die den lange ersehnten Thronfolger Max Emanuel zur Welt gebracht hatte. Park und Schloss sind nach französischem Vorbild angelegt und bringen mit ihrer strengen Symmetrie Ordnung in die Gedanken. Der Anblick vermittelt die Zuversicht, dass die Zukunft genau wie die Vergangenheit vom Menschen gestaltet werden kann. Allerdings nicht im Sinne von feudaler Größe, sondern im Sinne der Natur, des Menschenwürdigen. Mit Kopf, Herz und Hand.

2008 trat mein Vater aus dem Kuratorium der Stiftung aus und meinte: »Jetzt sollt ihr das mal machen.« Meine Schwester Anne und ich übernahmen seinen Posten. Daneben sitzen im Kuratorium: Josef Jacobi, ökologisches Urgestein und Gründer der Upländer Bauernmolkerei, Antje Vollmer, Grünen-Politikerin und ehemalige Vizepräsidentin des Deutschen Bundestages, und der langjährige Geschäftsführer Professor Dr. Franz-Theo Gottwald. Er ist ein gefragter Moderator für alle Change-Prozesse in Politik, Wirtschaft und privaten Organisationen. Immer dann, wenn es um die Umsetzung sinnvoller Nachhaltigkeitskonzepte geht.

KÜCHENGARTEN, GARTENKÜCHE

Sehnsucht »Neo Nature«

Lange waren Bäume, Sträucher, Hügel, Berge eine Art Mitnahme-Artikel gewesen: beiläufig erlebt beim Blick durch das Auto- oder Zugfenster. Oder beim sonntäglichen Verdauungsspaziergang nach Gans oder Braten. Durch technische Errungenschaften wie Wand- und Fußbodenheizung, Klimaanlagen und hyperbequeme Autos haben wir uns systematisch von der Natur entwöhnt. Komfort und Konsum, die multioptionale Ausschöpfung des Lebens, das Schneller, Höher, Weiter galten als Maxime. Bis vielen spätestens mit Einsetzen der Finanzkrise klar wurde, dass die große Party nicht ewig währt. Eine neue Sehnsucht, ein Drang zurück zu den Wurzeln machte sich breit. Denn Natur gibt Entspannung und Kraft, erdet. Man wollte wieder raus aus dem wattierten Leben. Immer mehr Menschen begannen am Wochenende die Wanderstiefel zu schnüren. Auch ich entdeckte meine Leidenschaft fürs Wandern und Klettern wieder: Jedes zweite, dritte Wochenende zog es mich hinaus aus München ins Dachsteingebiet, mit Bergstiefeln und Rucksack im Gepäck. Mit meinem Sohn Max wanderte ich in den Zentral-Anden durch die üppige Tropenlandschaft mit Wein- und Mandelgärten hinauf auf die Höhen des kargen, auf 3651 Meter gelegenen Gipfels Cerro Union. In einer großen Umbruchphase meines Lebens pilgerte ich allein den europäischen Fernwanderweg Nummer drei entlang. Von Toblach im

Pustertal bis nach Pieve de Cadore in den südlichen Dolomiten. Das waren zwei einsame, aber sehr klärende und nährende Wochen.

Natur war begehrt: Wegen des Ansturms ins Grüne riefen die Zukunftspäpste gar den Trend »Neo Nature« aus. Denn auch Brauchtum, Hofmärkte, Selberkochen nach alten Rezepten und die Region erlebten eine Renaissance. Landlust wurde hipp. Zu wahren Publikumsmagneten entwickelten sich die Hausmessen regionaler Metzger, Ziegen- und Obstbauern in unseren »Basic«-Filialen ebenso wie die Hoffeste in Herrmannsdorf. Ob Entedank, Maibaum-Aufstellen, Sommer- oder Weihnachtsmärkte – mein Bruder Karl wusste in Herrmannsdorf manchmal nicht, woher er die vielen Parkplätze nehmen sollte, und beschäftigte Einweiser, damit die An- und Abfahrt auf den angrenzenden Wiesen reibungslos ablief.

Vor allem junge Leute und Familien reisten zu den traditionellen Hoffesten aus München und Umgebung an: die Zielgruppe, die in unseren »Basic«-Supermärkten ökologische Lebensmittel kauft oder im eigenen Schrebergarten Gemüse und Obst zieht. Auch der Schrebergarten hatte sein miefiges Image abgelegt, und selbst auf »la terrazza« wurde gegärtnert. Vorbei die Zeiten leerer Blumenschalen und trister Bierkasten-Depots. Stattdessen werden sogar in Kräuterampeln, in alten Schubladen oder in Tetrapacks Tomaten, Kapuzinerkresse und Majoran gezogen. Schmücken vertikale Gärten graue Fassaden, dienen Baumstümpfe als Sitze, werden Astgabeln zu Design-Objekten …

Zurück zu den Wurzeln

Natur hat einen neuen Stellenwert, der über das Blumenbouquet auf dem Ess- oder Konferenztisch hinausreicht. Mit einem

Zurück-zur-Natur, wie Masanobu Fukuoka es forderte und vorlebte, hat das natürlich noch nicht viel zu tun. Er begriff sich zeit seines Lebens als Teil der Natur, der in Demut in ihr lebte und sich nicht über sie stellte. Daher versuchte er, so wenig Energie und Ressourcen wie möglich zu verbrauchen. Diese Nachhaltigkeitsformel bedeutete mehr, als sich nur Versatzstücke der Natur ins Leben zu holen.

Viele Menschen zogen und ziehen zum Wohnen aufs Land und glauben, damit schon in der Natur zu leben. Aber es ist oft eine Scheinidylle. In der Garage steht das dicke Auto, mit dem der Papa zum Semmelnholen ins Dorf fährt, daneben parkt Mamas Geländewagen, das Kinder-in-die-Schule-und-zu-Shoppingtouren-in-die-Stadt-fahr-Gefährt. Es läuft der Fernseher, und es ist warm im neuen Eigenheim. Den Rasen mäht man nicht selbst. Dafür gibt es einen automatischen Rasenmäher. Sehr zum Befremden der alteingesessenen Nachbarn. Man lebt zwar in der Natur, aber nicht mit ihr. Das ist etwas anderes, sich den Jahreszeiten auszusetzen, die Natur zu sehen, riechen, fühlen, hören, schmecken – in ihr zu leben. Das verändert einen Menschen.

Ein gutes Beispiel dafür ist ein Freund von mir, von dem ich schon gesprochen habe: Christoph Schwingenstein, ein Stadtmensch mit sportlichen Freiluft-Tendenzen, der immer schon gerne Natur »konsumiert« hat, beim Wandern, mit dem Fahrrad oder vom Ruderboot aus. Dann hat er sich einen kleinen Bauernhof gekauft, den er ökologisch bewirtschaftet. Nun ist er Teil des Lebensprozesses seiner Äcker, seiner Wiesen und seiner Schweine geworden und von allem, was sonst noch wichtig für einen Bauernhof ist. Er entdeckt die bäuerlichen Fertigkeiten. Es beschäftigt ihn, welche Futtersorten er anbaut, und er beobachtet, wie sie wachsen, um daraus Futter für die Schweine zu gewinnen. Er beobachtet das Kleegras, die Wicken, die Erbsen und die Bohnen, die Gerste und den Hafer. Er sieht die Schweine, kennt sie alle, und sorgt sich, wenn eines krank ist. Er war immer eine souveräne Persönlichkeit, aber das alles hat in nur zwei Jahren noch einmal einen anderen Menschen aus ihm gemacht. Ruhiger, stabiler und glücklicher.

Natürlich kann und will sich nicht jeder einen eigenen Bauernhof kaufen. Aber ausprobieren kann man das Leben mit der Natur auch schon, indem man die Ferien nicht in einem Hotel mit Rundumversorgung, sondern in einer Hütte oder in einem Baumhaus verbringt, an einem See oder in den Bergen. Probe-Wohnen in der Natur sozusagen.

Solche Erfahrungen stärken unsere Sensibilität und die Wertschätzung der Natur. Gleichzeitig werden unsere Akkus aufgeladen. Die Notwendigkeit dafür wächst in unserer hyperaufmerksamen »Müdigkeitsgesellschaft«, wie es der Karlsruher Philosoph Byung-Chul Han in seinem gleichnamigen Bestseller ausdrückt. Immer mehr Menschen fühlen sich gestresst, weil der Druck auf jeden Einzelnen zugenommen hat. Durch permanente Erreichbarkeit, höhere Anforderungen im Business, Angst um den Job und dadurch, dass wir auch in unserer Freizeit proaktiv tätig sein müssen. Indem wir uns um unsere Versorgung fürs Alter kümmern, uns fortbilden oder netzwerken.

Probe-Wohnen im Grünen

Sie übernachten draußen im Tipi, in einer Jurte oder in einem Beduinenzelt – 25 Schulkinder eines Münchner Gymnasiums. Zusammen mit zwei Pädagogen leben sie für eine Woche in Herrmannsdorf im »Dorf für Kinder und Tiere«. Dabei lernen die 10- und 14-Jährigen, sich draußen in der Natur mit einfachsten Mitteln zurechtzufinden: Sie berufen einen Dorfrat ein, entscheiden, wer wann die Hühner, Schweine und Schafe füttert, wer kocht, die Küche putzt und draußen aufräumt. Sie lernen, wie man als Selbstversorger ohne Supermarkt auskommt. Ohne Shopping, Fernsehen und Chat. Stattdessen, wo Salat, Tomaten oder Möhren wachsen, wie man sie pflanzt, erntet und zubereitet. Wie man Wurst herstellt, Käse, Butter und Brot. Und kehren stolz auf ihre Eigenständigkeit und die neuen Fertigkeiten in ihren Alltag zurück. Dieses »solidarische und demokratische Lernen mit und in der Natur«, wie meine Schwester Anne den Zweck ihres Projekts beschreibt, absolvieren jeden Sommer sechs bis acht Schulklassen. Weil das Ganze sich großer Beliebtheit erfreut, überlegen Anne, mein Vater und mein Bruder Karl, das Angebot auszuweiten.

Für mich standen im Frühsommer 2010 in Sonnenhausen erst einmal eigene kleine »Renovierungsarbeiten« an. Die Anlage, ein ehemaliges Gestüt von 1900 und das Bauernhaus, Ende des 16. Jahrhunderts errichtet, sind denkmalgeschützt und sollen ihren Charme nicht verlieren. Neue Komponenten müssen sich harmonisch einfügen, Materialien zur Philosophie und Geschichte des Hauses passen. Mein Architekt Helgo von Meier schlug eine Exkursion nach Südtirol vor. Dort wollte er mir anhand von Architekturbeispielen zeigen, wie sich denkmalgeschützte Gebäude harmonisch mit neuen Stilmitteln verbinden ließen, ohne dass man mit viel Schnickschnack ihren Charakter ruiniert. Und so war die Pension »Briol« – auf 1300 Metern Höhe, im Eisacktal gelegen – eine Station auf unserer Reise, im Juni 2010. Um dorthin zu gelangen, mussten wir vom Parkplatz aus erst mal eine Stunde zu Fuß hochsteigen. Umgeben von einem Bergpanorama im Abendrot, süß-duftenden Bergwiesen und unendlicher Stille. Plötzlich jedoch zog aus dem Nichts ein Gewitter auf. Wir beschleunigten unseren Schritt und kamen ziemlich durchnässt vom einsetzenden, warmen Regen an der Pension an. Das war herrlich und fühlte sich fast an wie Gipfelglück. Vermutlich auch wegen der Freude, endlich den Unterschlupf erreicht zu haben.

Das Innere des Hauses war ganz anders, als man es normalerweise von einem Hotel erwartet. Der holzgetäfelte Speisesaal und die Zimmer waren schmucklos. Ohne Bilder. Die Zimmer, nur mit Waschschüsseln und den nötigsten Möbeln eingerichtet, erschienen mir wie Mönchszellen. Selbstverständlich gab es auch keinen Fernseher. Die Eigentümer hatten das Haus zwar erneuert, aber im Originalzustand von 1928 belassen. Da musste ich erst mal schlucken und dachte: ziemlich spartanisch. Wie hart die Betten wohl sein werden? Auch Helgo machte eine etwas bedenkliche Miene.

Nach einer halben Stunde, einer sehr netten Begrüßung und einem fantastischen Tafelspitz – wenig Zutaten und in der eigenen Brühe serviert – hatte sich unser Blick auf die Dinge vollständig gewandelt. Wir entdeckten die Geborgenheit, die Eleganz im Einfachen und uns selbst! Wir schliefen in sonnengetrockneten Laken. Durch das geöffnete Fenster drangen Mondschein und Grillen-Gezirpe. Auch tagsüber begleitete uns die Natur. Selbst auf dem Weg zur Sauna, die sich im Wald befand. Im »Briol« fuhr man nicht, wie in vielen Hotels üblich, mit dem Lift im Bademantel und mit Schläppchen ins Spa. Nein. Man ging hinaus in die Natur. Mit dem Badehandtuch über der Schulter und ganz normal bekleidet.

Der schlichte Charme dieser Herberge hat mich tief beeindruckt. Ebenso der Blick auf die Bergwelt drumherum. Ich fühlte mich klein und nicht erhaben, nicht als Luxus-Konsument im herkömmlichen Sinne, sondern im Luxus, im Übermaß und reich beschenkt in und von der Natur. Es gibt in der Gegend auch wunderbar in die Umgebung eingepasste Fünf-Sterne-Häuser, mit Naturhölzern, Gründach und unter dem Nachhaltigkeitsaspekt errichtet – mit grandiosem Bergblick und perfektem Service. Doch in keinem empfanden wir diese Echtheit und Naturnähe wie in dieser einfachen Pension. Sehr überzeugend wirkte hier das Prinzip »Small is beautiful«, das

Masanobu Fukuoka gut gefallen hatte, ebenso wie dem mit dem Alternativen Nobelpreis ausgezeichneten österreichischen Vordenker und Ökonomen Leopold Kohr (1909–1994), der meinte: »Die Größe scheint das zentrale Problem der Schöpfung zu sein. Wo immer etwas fehlerhaft ist, ist es zu groß.« Das sah Kohr auch in der weltumspannenden Weite der Armut, den ozeanischen Wogen der Wirtschaftskrise, der nie mehr zurückgehenden Zahl der Arbeitslosen, der Dimension der Korruption … Als Rettung für die Gesellschaft wie für das eigene Seelenheil pries er die Idee und das Ideal der Kleinheit. Ihm war das rechte, nämlich das menschliche Maß des Individuums wichtig. Nicht das eines Stammes, eines Volkes, einer Nation. Denn alle Versuche, abstrakte Großgruppen über die Ansprüche und Bedürfnisse des menschlichen Individuums zu stellen, scheiterten an der Entindividualisierung und Entwürdigung des Einzelnen. Daher forderte Kohr eine Rückkehr zu kleineren Gemeinwesen, zu »Small is beautiful«. Um »nicht als Ausbeuter, sondern als Gast auf Erden vernünftiger zu leben«, wie er meinte. Einen Impuls, den ich nach meiner Rückkehr aus den Dolomiten auch in Sonnenhausen stärker erlebbar machen wollte. Insbesondere für Menschen, die »Natur erleben« einfach mal eine oder zwei Nächte ausprobieren wollten. Inspiriert vom Sauna-Häuschen des »Briol« hatte ich mir überlegt, sogenannte »Wohlwägen« aufzustellen. Am Waldrand, dort, wo Licht und Schatten miteinander spielen, wo man sich geborgen fühlt und wo man vielen unterschiedlichen Gerüchen begegnet – würzig, holzig, süß, harzig, moosig, pilzig. Gerüchen meiner Kindheit, als wir stundenlang im Wald herumgestreunt sind und hinter Baumstämmen und Mooshügeln Verstecken gespielt haben.

Die »Wohlwägen« sind eine Kombination aus Wohnwagen und Baumhaus. Baumhaus deswegen, weil die Wägen und das Mobiliar aus Holz gezimmert sind. Der 25 Quadratmeter große Innenraum ist mit einer Mini-Wohnung ausgestattet: mit

Klappbett, Schrank, kleiner Küche, Tisch, zwei Stühlen, Sofa und – natürlich! – mit einem Holzofen. Die Naturschutzbehörde legte allerdings ihr Veto ein. Ich habe das verstanden, denn es gibt nichts Schützenswerteres als unverbaute und unverstellte Natur.

Moderne Visionen vom naturnahen Leben

Naturnahes Leben faszinierte mich seit meiner Kindheit. Zwar baute ich mir damals weder ein Baumhaus noch ein Lager im Unterholz. Doch hatte ich diese Vision von der Hütte mit Holzofenfeuer und Kerzenschein, die immer wieder in meinen Träumen vorkam, und verbrachte mit meinen Eltern und später mit meiner ersten Frau und den Kindern viele Ferien draußen in der Natur. Mit Wohnanhänger oder Zelt fuhren wir nach Griechenland, Kroatien, Österreich, Südfrankreich oder Dänemark. Und so war ich natürlich auch von der sogenannten »Ökostation« begeistert. Sie entdeckte ich, als wir 1986 nach Freiburg zogen. Dort gab es damals bereits eine große ökologische Szene, die ersten Bio-Märkte entstanden, alternative Wohnideen waren ein Gesprächsthema, ebenso wie die »Ökostation«, das Herzstück der Landesgartenschau in diesem Jahr, vom BUND unterstützt.

An einen kleinen Hang gekuschelt, war das ökologische Modellhaus zur Hälfte direkt in die Erde gebaut. Die andere Hälfte ragte heraus und besaß eine riesige Panoramascheibe. Dadurch war es im Inneren gemütlich und hell zugleich. Die Wände waren aus Lehm, unversiegelte Stämme von Schwarzwaldtannen trugen das kuppelförmige Pflanzendach. Auf dem Dach blühten Karthäusernelke, Färberkamille und Hauswurz.

Das ist wie in einem Bau, dachte ich. So muss sich ein Fuchs oder ein Maulwurf fühlen. Ich war begeistert und bin es bis heute. Irgendwann, denke ich, werde ich diese Höhle nachbauen.

Unter der Erde muss man nur wenig heizen. Die Ökostation nutzte und nutzt (das Umweltbildungszentrum gibt es in Freiburg immer noch) Erd- und Sonnenenergie. Das war in den 80er-Jahren, als man nur billig Beton verbaute, superinnovativ! Ebenso wie die Entwürfe des Tübinger Architekturbüros »Log ID« von Professor Dieter Schempp. Seine grünen Glashäuser zeichneten sich vor allem dadurch aus, dass sie zum Heizen Sonnenenergie nutzten. Noch mehr arbeitete der Freiburger Architekt Rolf Disch mit dem Licht der Sonne. Er hatte bereits zu meiner Freiburger Zeit die »Tour de Sol« initiiert, ein Rennen mit Solarautos, und ein ganz besonderes Haus entwickelt.

15 Jahre später lernte ich ihn und seine Wohnidee persönlich kennen. Seit meiner Recherchereise durch Japan führte ich immer wieder Öko-interessierte Japaner durch die deutsche Bio-Szene, zeigte ihnen vorbildliche Höfe, Manufakturen, organisierte Vorträge von interessanten Persönlichkeiten wie dem Künstler und Geomanten Peter Strauß und präsentierte den Gästen nachhaltige Architektur-Neuheiten. Als sich wieder einmal eine Gruppe anmeldete, rief ich kurzerhand bei Disch an und erzählte ihm von meinem Anliegen. Wenig später fand sich eine quirlige, 20-köpfige japanische Truppe bei ihm in der Ziegelgasse 26 ein, und wir besichtigten sein sogenanntes Heliotrop, in dem er lebte und arbeitete. Imai Sensei und die Übersetzerin Megumi Mori, die mir bei solchen Studienreisen half, waren mit von der Partie. Es war schön, Sensei wiederzusehen und zu hören, was es Neues gab. Standen wir sonst nur in spärlichem Briefkontakt.

Der Begriff Heliotrop setzt sich aus den griechischen Wörtern »helios« (Sonne) und »trop« bzw. »trepein« (wenden) zusammen und bezeichnet eigentlich Pflanzen, deren Blüten und Blätter sich nach der Sonne hin ausrichten. Diesem Prinzip gehorchte auch Dischs 1994 erbautes Haus. Es folgte ebenso wie heliotrope Pflanzen dem Lauf der Sonne. Das geschah über eine 14 Meter hohe, computergesteuerte zentrale Säule, in der sich eine Wendeltreppe wand und um die herum sich Räume ebenfalls wie eine große Wendeltreppe nach oben schlängelten. Durch die clevere Ausrichtung hin zur Sonne konnten die Solarkollektoren maximal Sonnenlicht einfangen und die Beschattung perfekt geregelt werden: Im Winter kehrte das Gebäude der Sonne seine dreifach wärmeschutzverglaste Haushälfte hin. Im Sommer die hochwärmegedämmte. Das hatte den Effekt, dass Disch im Winter Wärme und Heizkosten sparte und es im Sommer hübsch kühl hatte. Das Haus war genial und hatte alles eingebaut, was es damals an Umwelt- und Energiespartechnik gab. Disch machte nicht viel Aufhebens um sein Wunderwerk. Ruhig und sehr uneitel erzählte er von seiner Vision, bot Kaffee, Tee und Gebäck an und führte durchs Haus.

Sein Zylinderhaus war wie eine Schnecke: Entlang der verglasten Außenhaut führte uns eine Treppe spiralförmig nach oben. Dabei blickten wir auf die nahe gelegenen Weinberge. Der Energie-Output liegt fünfmal höher als der Verbrauch. Verantwortlich dafür sind die Zentralsäule sowie die Photovoltaik-Kollektoren auf dem Dach. Sie sammeln Sonnenwärme, ebenso wie die Vakuumröhren in den Geländern. Die heizten das Haus und sorgten für Warmwasser. Auf der Dachterrasse gab es eine Regenwasserzisterne. Disch erklärte uns das Prinzip der Trockenkomposttoilette, und wie er sein Abwasser in einer Schilf-Kläranlage reinigte. Heute ist das gängige Technik, vor 17 Jahren standen alle staunend davor! Die Japaner fotografierten wie die Weltmeister, stellten Fragen und waren hingerissen: Dischs Architektur war ein echter »eye opener«. Ich fand die Architektur faszinierend, allerdings einen Tick zu technisch. Insgesamt wurden nur drei Sonnenwend-Häuser gebaut. Heute konzentriert sich Disch auf sogenannte Plusenergiehäuser: Das »Plus« steht für Häuser, die mehr Energie erzeugen, als sie verbrauchen.

Auf jeden Fall war sein Entwurf sehr spannend und ein enormer Denk- und Diskussionsanstoß. So wie die Kugelhäuser von Horst Mallmann. Der Kölner Architekt entwickelte mit seinem »Oasis«-Projekt einfache Kugelhäuser. Diese sind mit Brettschichtholz und Leimbindern zu einer Kugel zusammengebaut und mit einer Kunststoffhülle ähnlich wie der der Münchner Allianz-Arena umgeben. Die innen um einen Versorgungsschacht gelegenen Mauern sind massiv und beheizt, sodass man es von hinten warm hat und vorne in die Landschaft und weit in den Himmel gucken kann.

Diese Häuser (man könnte hier noch einige andere Beispiele aufzählen) sind sehr sparsam im Energieverbrauch, aber nicht wirklich spartanisch. Da muss man es dann schon so machen wie der norwegische Ex-Surfweltmeister und Künstler Jan Wanggaard. Fukuoka hätte ihn gewiss beglückwünscht, den richtigen Weg eingeschlagen zu haben. Wanggaard hatte sich nämlich dazu entschlossen, aus seinem Leben voller Erfolgsdruck und Verpflichtungen auszusteigen. Er baute auf den norwegischen Lofoten eine Hütte – drei Stunden Gewaltmarsch vom nächsten größeren Ort entfernt. Ähnlich wie bei der Ökostation kauert seine Hütte unter einem Felsen. Der schützt sie vor Wind. Ein Wall aus Gras und Erde hält die Kälte draußen. Es gibt keinen Strom, kein fließendes Wasser. Brennholz fürs Abendessen holt Wanggaard vom Strand: vom Golfstrom angeschwemmte Baumstämme. Mit einer Axt hackt er sie in handliche Keile. Braucht er Geld, macht er Gelegenheitsjobs, flickt Fischernetze für die Nachbarn im Dorf, legt eine Gartenterrasse mit Natursteinen aus und fertigt Skulpturen aus Holz und Steinen. In Zukunft will er auch historische Boote bauen, mit denselben Materialien und Hilfsmitteln wie einst die Wikinger. Oder eine Orgel aus Treibholz und damit das ganze Tal beschallen.

»Als es Abend wird«, schreibt der Reporter Alexander Lisetz, der ihn zusammen mit einigen Kollegen besucht hat, »sägen wir Brennholz, holen Trinkwasser vom See, machen Geschirr sauber. Wir haben aufgehört, Reporterfragen zu stellen, und begonnen, Jans Antworten zu verstehen. Es gibt Forellen, die ersten, die wir selbst gefangen haben. Wir haben sie auf dem offenen Feuer selbst zubereitet. An ihren weniger verkohlten Stellen schmecken sie nach Stille und Weite, nach Wind und nach Mitternachtssonne. Wirklich«, endet der Bericht.

Wir können und wollen uns nicht alle auf den Lofoten niederlassen und dort Baumstämme aus dem Meer fischen. Es ist konsequent, aber schon etwas aussteigerisch-robinsonadisch. In jedem Fall ist es die Mühe wert, die Natur von ihrer Statistenrolle zu befreien und sie wieder zum Teil des eigenen Lebens zu machen, ohne dass man es total auf den Kopf stellt.

Get basic!

Die ersten Renovierungsarbeiten in Sonnenhausen unter Helgo waren in Auftrag gegeben. Etwa eine nach Henning Großeschmidt benannte Heizung. Er hat eine revolutionäre Art der Temperierung entwickelt. Sie kommt mit »Ersatzteilen« aus: Heizkörper und aufwändige Fußbodenheizung gibt es da nicht mehr. Es werden lediglich Kupferrohre über den Sockelleisten der Außenwände eingebaut. Deren Wärme heizt nicht nur die gesamte Wand, sondern trocknet sie auch. Wir haben also neben der angenehmen Strahlungswärme (versus Luftwärme) den Effekt, dass der K-Wert (Isolierfähigkeit) enorm zunimmt und man so bis zu 40 Prozent Energie sparen kann. Von Wärmeisolierung mit Dämmstoffplatten halte ich nichts. Keiner weiß, wie die Kunststoff-Isolierung altert. Da war mir für unser Vorhaben die Großeschmidt'sche Lösung wesentlich sympathischer.

Dann flog mir die Idee der Selbstversorgerküche zu. Es war brütend heiß an diesem Tag. Barfuß, mit hochgekrempelten

Hosen saß ich am Schreibtisch und hatte, um etwas Durchzug zu schaffen, die Fenster weit geöffnet. In der Ferne nagelte ein Dieselmotor, und wenig später bog der Lieferwagen von »Epos« die Zufahrt zum Hof ein. Wie jeden Dienstag. Um das Restaurant mit Öko-Lebensmitteln zu versorgen. Da dachte ich: Wir lassen den Naturkostgroßhandel von Mai bis Oktober/November die Bio-Lebensmittel von weit her liefern, warum machen wir sie nicht selber? Im Sommer, zu einem guten Teil? Wir hatten doch 25 Hektar Land um uns herum. Die mussten wir nicht zwingend verpachten. Dass es eine Weile dauern würde, bis das Ganze wirtschaftlich war, das war mir von Anfang an klar. Wir Sonnenhausener waren auf dem Gebiet ja blutige Anfänger. Ich habe die Landwirtschaft nicht professionell gelernt, so wie mein Bruder Karl, der gelernter und studierter Landwirt ist. Aber warum es nicht versuchen, die Kreisläufe kleiner zu machen, regionale Strukturen aufzubauen? Das, was ich immer predige, sollte ich doch wohl auf meiner eigenen Scholle leben!

Am nächsten Tag sprach ich mit Nathalie über mein Vorhaben. Sie fand es sofort gut. Also brachte ich es am *table commune* ein. An dem langen Holztisch, an dem alle Mitarbeiter mittags zum Essen sitzen, reden und sich austauschen – der Gärtner, die Köche, die Büroangestellte, die Bedienungen, die »Feen« – wie wir die Zimmermädchen nennen – zuweilen. Diese Zusammenkünfte, Harmonie, Freude und die richtige Einstellung zur Arbeit sind mir sehr wichtig. Das war nicht immer so. Es gab früher viel Krach, Einzelne und auch Gruppen konnten sich nicht einfügen, Schuldzuweisungen und miese Stimmung waren die Folge. Eine oder mehrere beherzte Umstrukturierungen mit neuen Mitarbeitern hat es wohl gebraucht, damit Frieden einkehren konnte, den ich heute umso mehr schätze.

Gespannt wartete ich, wie die Mitarbeiterinnen und Mitarbeiter reagieren würden. Schon zu »Basic«-Zeiten war ich gefürchtet für meine Ideen, und auch meine Mitarbeiter in Sonnenhausen kannten meinen bewegten Geist. Ich wusste: Ich muss die Leute begeistern. Schaffte ich es nicht, war die Zeit dafür wohl nicht reif, die Idee zu unausgegoren. Wie etwa damals, als die ersten Webcams aufkamen und ich vorschlug, in den »Basic«-Märkten Fernsehgeräte zu installieren, um mit Sendungen wie »Live aus dem Kuhstall« die Kunden stärker am Alltag der Bauern, der Manufakturen etc. teilhaben zu lassen. Damals wurde der Vorschlag abgeschmettert: »Unsere Kunden wollen keine Fernsehapparate im Bio-Laden!« Heute bewirbt Stephan Paulke Raritäten kleiner Käsereien, Bäckereien oder anderer Betriebe mit Mini-Bildschirmen auf den Theken.

Auf die Idee mit der Selbstversorger-Küche, die als neue Lieferquelle den eigenen Garten vorsah, reagierte die »Küche« erstaunlich gelassen. Obwohl es eine Riesenumstellung werden würde. Früher konnte der Küchenchef Sven Balzer auf einer Liste die Kohlrabi, Salate und Obstsorten ankreuzen, die er benötigte. Jetzt würde die Natur, die Saison, das Angebot vorgeben. Wie einst bei den »Ökonomien«, wie man sie nannte, bei größeren Betrieben und Einrichtungen. Sonnenhausen hatte in seinen Gründerzeiten früher ein großes Schlachthaus und einen Garten, genauso wie Krankenhäuser, Schulen oder andere öffentliche Institutionen. Heute übernehmen oft anonyme Caterer die Versorgung der Werkskantinen, und der Preis wird von den Managern hart verhandelt. Nur ganz, ganz langsam setzt ein Umdenken ein, weil man allmählich den Zusammenhang zwischen Gesundheit und Ernährung erkennt. Selbst die Krankenkassen schließen plötzlich auf und bieten Ernährungsseminare als Präventionsmaßnahme an.

Um nichts zu übereilen und damit wir lernten, welche Herausforderungen die Natur an uns stellte, fingen wir klein an. Mit einem 500 Quadratmeter großen Obst- und Gemüsegarten. Dazu kamen fünf englische Shropshire-Schafe und ein Bock.

Zu denen kamen wir wie die Jungfrau zum Kinde. Ein Frater mit dem denkwürdigen Namen Joseph-Maria suchte ein Quartier für sie. Das war im November 2010.

Jesses-Maria, aufs Land!

Joseph-Maria betreute in der Zisterzienser-Abtei Marienstadt den Klostergarten und wollte sich verändern. Da er vor einigen Jahren in Herrmannsdorf ein Praktikum gemacht hatte, wusste er, dass wir sehr sorgsam mit Tieren umgehen, und so fragte er, ob wir seine englischen Shropshire-Schafe aufnähmen. Erst meinen Bruder, und der gab ihm meine Nummer, weil er keinen Platz für sie hatte. Mein Vater transportierte die Schafe dann nach Sonnenhausen, und als Joseph-Maria seine Schafe am Ostermontag 2011 besuchte, fragte ich den 35 Jahre alten Allgäuer: »Was machen Sie denn jetzt?« Da sagte er mir, dass er auf einem Milch-Schaf-Betrieb im Hochschwarzwald anheuerte.

»Wenn's nichts wird, können Sie sich ja melden«, meinte ich beim gemeinsamen Mittagessen mit einem Teil der Familie und erzählte ihm, dass wir langsam auf eine ökologische Landwirtschaft für den eigenen Betrieb umstellen wollten. Ich mochte den kantigen Mann. Er hatte viel über das Leben nachgedacht, in Italien Geisteswissenschaften studiert, sprach fließend Italienisch und Spanisch und liebte es, gut zu essen, wie sich herausstellte, denn seit Mai 2011 ist er einer von uns. Er betreut die mittlerweile auf 20 Schafe angewachsene Herde in Sonnenhausen und ist für den Garten und den Anbau der Kräuter-, Obst- und Gemüsekulturen zuständig. Mit dem Küchenchef spricht er sich ab, setzt dessen Wünsche um und informiert ihn darüber, was reif wird und in welcher Menge. Er ist unser Landwirtschaftsminister, wie ich und alle anderen Sonnenhausener ihn scherzhaft nennen. Gelegentlich.

Seit Anfang 2011 lebe auch ich in Sonnenhausen. Obwohl ich das urbane Leben liebe, bin ich aufs Land gezogen. Ich habe fast eineinhalb Jahre darüber nachgedacht und sagte mir dann: Probier es aus! Damit schließt sich ein Kreis, begann meine Karriere doch damals auf dem Land in Herrmannsdorf. In einer Landwirtschaft. Obwohl ich nie Landwirt war. Es gibt verschiedene Phasen im Leben. Expansionsphasen und Phasen der Entschleunigung, in denen du mehr über das Leben nachdenkst und es gut findest, aus dem Trubel auszusteigen. Die Jahre 2007, 2008, 2009 waren sehr kräftezehrend, der ganze Gestaltungswille war weg. Das hatte mit dem Aufruhr um »Basic« zu tun, mit meinen Rettungsversuchen von »Casserole« und auch mit meiner Trennung von Lynn. Das waren keine Sternstunden im Vergleich zur Gründung von »Epos« und von »Basic«. Da war ich glücklich, hatte keine Sorgen und Feinde und diese göttlichen Ideen, weil ich mutig war.

Mut gehört auch dazu, aufs Land zu ziehen. Meine Partnerin Kirsten war an diesem Schritt nicht unbeteiligt. Sie ist als Einkaufschefin in der Modebranche viel unterwegs. Der Wald ist ihre Wellnessoase. Das Wenige und Einfache zu genießen … Damit hat sie auch auf mich einen guten Einfluss. Sie hat Ruhe und Frieden in mein Leben gebracht.

Meine anfänglichen Bedenken, ob ich damit klarkomme, immer die gleichen Tiere, die gleichen Leute und die Beschwerlichkeit, in die Stadt zu fahren, um Freunde, Geschäfts- und Gesprächspartner zu treffen, sie haben sich nicht bestätigt. Ich kann in der Welt herumsausen und in der Natur sein. Das ist großartig. Schon beim Aufstehen. In der Stadt sieht man, wenn man aus dem Fenster schaut, Häuserfronten und gelegentlich mal einen Baum. Jetzt blicke ich auf den Waldrand. Darüber breitet sich ein riesiger Himmel aus. Die Landschaft ist grün und beruhigend. Auch wenn es regnet, schneit oder Nebel in den Wiesen liegt – immer ist Natur schön. An manchen Tagen schlüpfe ich morgens gleich nach dem Aufstehen in meine Gummistiefel. Draußen duftet es nach feuchter Erde. Alles ist still, nur eine Amsel oder die Glöckchen der Schafe sind zu hören. Weich und milchig scheint die morgendliche Sonne, und ich gehe durch das taunasse Gras entlang der Gemüseäcker zu den Obstwiesen. Häufig begleitet von Bernarda, einem braunen, zottigen Bergschaf. Oder ich wandere zu einer kleinen Anhöhe, von wo aus man den Wendelstein und manchmal sogar bis zu den Allgäuer Alpen sehen kann. Göttlich!

Selbstversorgung

Natürlich war die Umstellung auf das Selbstversorgen sehr anstrengend. Vor allem dem Küchenpersonal verlangte sie sehr viel mehr Fantasie und Flexibilität ab, aber auch den Kunden. Etwa bei der Menüauswahl: Erdbeeren im Februar fürs Dessert oder den Hochzeitskuchen? Tut mir leid, haben wir nicht! Und wenn die Wühlmäuse in unserem 100 Prozent Öko-Garten die Wurzeln annagten und die Salate und den Rhabarber zum Welken brachten, dann musste man sich noch einmal mehr einfallen lassen und das gegenüber den Gästen gut kommunizieren. Fakt aber ist, dass man für eine »cusine du jardin« (eben nicht »du marche«, vom Markt) keine Lkws braucht. Es werden keine gekühlten Produkte durch die Gegend gekarrt, Verpackungsmaterial fällt weg, das Obst und Gemüse kommt weder zu lange gelagert an, noch hat es an Geschmack verloren. Sonnengereift aus dem eigenen Garten ist es einfach besser. Wird es dann noch zum richtigen Zeitpunkt geerntet, am Strunk noch weiß tropfend, und kommt sofort zubereitet auf den Teller, dann ist das unschlagbar! Wir ernten allerdings die Birnen, Artischocken, Salate etc. nicht bereits nach Dreiviertel ihres Ausreifegrads. Der ideale Zeitpunkt, in den Augen von Claude Pernix.

Er betreut als Gärtner den Küchengarten des Bio-Restaurants »La Chassagnette«.

Bert van den Abeeles Restaurant-Tipp führte mich dorthin. Der Belgier lebt heute in der Nähe von Montpellier und war der erste Weinhändler bei »Basic«, mit dem ich seit der Zeit befreundet bin. Er kannte »La Chassagnette« und schwärmte: »Eine tolle Kombination aus Natur und Geschmack.« Also besuchte ich im Sommer vergangenen Jahres das 12 Kilometer von Arles entfernt an der Straße nach La Sambuc gelegene Restaurant, in dem Koch Armand Arnal Gemüse in den kulinarischen Sterne-Himmel hebt. Etwa Minikohl geschmort mit Rhabarber und Kräutern oder Minifenchel sautiert mit Karamelsauce. Gestärkte Tischdecken gibt es nicht. Stattdessen isst man mittags an großen Holztischen, eingerahmt von Glyzinienranken, Rosenbüschen und einem üppig-blühenden Küchengarten – mit über 260 verschiedenen Gemüsesorten. Doch nicht nur mit Vegetarischem werden die Gaumen der Gäste verwöhnt, sondern auch mit Meeresschnecken aus Saint-Martin-de-Crau, mit feinem Entrecote von Camargue-Stieren oder mit Täubchen, geliefert von Monsieur Lamonica aus dem 70 Kilometer entfernten Marseille. Das Olivenöl, das Armand verwendet, kommt von »Mas de Vandoret«, das Beste, das ich kenne: vollmundig, säurearm mit zartem Mandelgeschmack und natürlich 100 Prozent Bio. Bio-Qualität und Regionalität sind das Herzstück von Armands Küchen-Philosophie, die bei aller Bodenständigkeit nichts an Geschmack und Kreativität vermissen lässt. Im Gegenteil!

In Sonnenhausen lief der Probebetrieb unseres Küchengartens gut an. Die so wichtige Verbindung und Absprache zwischen Joseph und Sven klappt gut. Dazu treffen sich die beiden zweimal die Woche, um zu begutachten, was wann erntereif ist und in welcher Menge. Manches allerdings müssen wir erst noch lernen. Etwa wie wir im Sommer die Berge an Apriko-

Der Küchengarten in Sonnenhausen mit »meinem« Landwirtschaftsminister Joseph-Maria, Sven, Oliver und Luisa aus der Küche

sen, Erdbeeren, Heidelbeeren, Himbeeren, Johannisbeeren und Kirschen noch effizienter zu Marmeladen, Pickles und Säften verarbeiten, um die Sonnenenergie und den guten Geschmack in den Winter zu retten. Von Saison zu Saison werden wir da sicherlich schlauer. Auch damit, welche kleinen Maschinen wir für das Unkrautjäten oder das Ernten der Kartoffeln einsetzen können bzw. welches Gerät uns die Bodenlockerung und das Mulchen im Herbst erleichtert. Das sind Erfahrungswerte, ist Learning by doing. Zwar beschwerlicher, aber am Ende des Tages viel befriedigender. Aus diesem Grund plädierte Leopold Kohr für eine Arbeit kombiniert mit »mittlerer Technologie«. Diese ist, wie er in seinem Buch ›Die Lehre vom rechten Maß‹ beschreibt, »durch ein erhöhtes Rückfallen auf Muskelkraft, Handwerk und Eigeninitiative wieder so interessant gestaltet, dass nur wenige das Verdienstgefühl der Müdigkeit, der Langeweile, der Teil- und Ganzarbeitslosigkeit vorziehen würden«. Unsere »Küche« ist in jedem Fall sehr stolz auf ihren Garten.

Daher haben wir den Küchengarten im Frühjahr 2012 auf 2500 Quadratmeter ausgedehnt. Mit zum Teil mehrjährigen Kulturen, dem Grundprinzip der Permakultur entsprechend, die Fukuoka so pries und die eine extensivere Landwirtschaft ermöglicht. Und wir haben keine 08/15-Gewächse gepflanzt, sondern experimentieren hier mit Geschmack. Natürlich bauen wir unter den 200 Sorten auch Klassiker wie Brombeeren an, Himbeeren, Stachel- und Johannisbeeren. Aber eben auch weiße Johannisbeeren oder weiße Erdbeeren. Bei den Gemüsen ziehen wir weiße, orange, gelbschwarze und rote Tomaten, Ochsenherzen, blauen Blumenkohl, russischen Kohl und viele alte Sorten wie Spargelsalat, wilden Brokkoli oder Haferwurz, einen Bruder der Schwarzwurz. Daneben sehr wohlschmeckende japanische Salatsorten wie Pak Choi, Grün im Schnee, das ähnlich wie Pac Choi schmeckt, oder den rosettenartigen Tatsoi. Und natürlich viele Kräuter, darunter Wildkräuter wie Giersch oder Sauerampfer. Nur wenige Kulturen müssen wir in den Übergangszeiten ins Gewächshaus bringen. Dazu haben wir kleine Häuschen angelegt, damit das Landschaftsbild nicht zerstört wird. Darum herum kreucht und fleucht es: An die 100 Barbarie-Enten bevölkern die Teiche rund um das Grundstück, neun Pferde stehen auf der Koppel, im Sommer weiden die Rinder der benachbarten Bio-Bauern auf den Wiesen und natürlich unsere Schafe.

Ab dem nächsten Sommer planen wir, eine »Gartenküche« einzuführen. Eine Laube mit Strohdach. In der Mitte ein schwerer Holztisch mit acht Stühlen. Daneben ein simpler Steintrog und ein dreifüßiger Grill. Schlicht, mit einem tollen Blick auf die freie Landschaft, auf die Wiesen und den Laubwald – ganz nah dran an der Natur: Seele und Körper nährend. Ich selbst werde auch Hand anlegen, wenn's um Fleisch und Wurst geht. So wie ich in Sonnenhausen gelegentlich Wurstmachkurse abhalte und Würste binde, die wir anschließend braten.

Mir geistern auch noch andere Ideen durch den Kopf. Als Unternehmer darf man nie stehen bleiben, man muss sich immer weiterentwickeln: die Küche verbessern, den Service, das Angebot. Sonst veralten die Sachen, die Gäste bleiben aus. Anregungen bekomme ich durch mein tolles Netzwerk, durch gute Gespräche, auf Reisen oder indem ich mit offenen Augen, neugierig durchs Leben gehe.

In jedem Fall hat die nächste Idee, die ich verfolge, mit Genuss zu tun. Der darf kulinarisch nicht auf der Strecke bleiben. Laut Verbraucherzentrale Hamburg sollen bis zu 80 Prozent aller servierten Speisen aus vorgefertigten Gerichten, also aus Tütensuppen, Fertigsaucen oder Backmischungen bestehen. Den Gästen werden im Salat Schafkäseimitate oder in Nudelsuppen Schinkenimitate vorgesetzt. »Im Grunde werden die Verbraucher betrogen und belogen«, fasst Armin Valet von der Verbraucherzentrale das Ergebnis gegenüber der Zeitung ›Die Welt‹ zusammen. »Und dieser Trend weitet sich aus.« Zwar erhielte man in teuren Restaurants eher noch das, was auf der Menükarte steht. Allerdings ließen sich die Mogelpackungen in allen Restaurantklassen finden, so das Resümee. Hier liegt also Handlungsbedarf, und in dieser Richtung denke ich derzeit nach.

Weil die Formel »Bio für alle« sich bewährt hat, wird das Restaurant-Konzept, das mir vorschwebt, keiner Ernährungslehre folgen. Die Gerichte werden allerdings 100 Prozent Bio sein, frisch zubereitet, regional und mit einer besonderen Finesse. Sodass selbst »langweiliges« Wurzelgemüse wie Pastinaken und Schwarzwurz den Gaumen kitzeln. Es wird keine »Türmchen-Küche« – wie ich immer sage – mit viel Chichi sein, sondern eine klare, feine Küche, die mit wenigen Zutaten auskommt.

Für jeden Geldbeutel und mit einer guten Atmosphäre verbunden, natürlich. Die Leute sollen sich wohlfühlen und sich beim Verabschieden an der Tür schon auf den nächsten Besuch freuen. Noch tüftle ich daran, was alles in den großen Trichter passt, nach dem Erfolgsmotto: »Putting more than one thing together.« Das nämlich ist die Würze jeder Idee. In Verbindung mit Liebe und Leidenschaft entwickelt sich daraus die Kraft, einen Trend auszulösen. Dabei gibt es immer Brüche. Aus diesem Grund verkaufen wir bei »Basic« auch Zigaretten an den Kassen und haben uns als Erste getraut, statt Fliesen zu legen, den Boden aus beschichtetem Beton zu gießen. Heute machen das fast alle so. Also: Weg mit dem Heiligenschein, wider die Monokultur im Kopf!

Und weil aus einem solchen geordneten Chaos Kreativität erwächst, sieht es weder in meinem Büro noch in Sonnenhausen übermäßig geleckt aus. Vor der offenen Landwirtschaftsremise hängt keine Strohmatte als Sichtschutz für die anreisenden Gäste. Das hatte ein Mitarbeiter vorgeschlagen. Damit sie das Durcheinander an Heu- und Strohballen, Zaunmaterial und Gartengeräten nicht sehen. Aber ich meine: Hier werden Felder bestellt, hier wird gearbeitet, das darf man ruhig sehen. Und wenn es ordentlich verräumt ist, ist das auch noch schön!

Allerdings werde ich nicht loslegen, bevor die Essenz zu meiner neuen Idee nicht da ist. Mit der Kushi-Bar hatte ich mir ja schon einmal eine blutige Nase in der Gastronomie geholt. Wenn man sein Hobby zum Beruf machen will, kann das leicht ins Auge gehen. Man muss sich ganz sicher sein und wissen: Das muss ich jetzt tun!

So war es ja auch bei der Gründung von »Basic«. Bei Gerd Leipolds Angebot, »Greenpeace«-Aufsichtsrat zu werden oder etwas gegen den Hunger in Deutschland zu unternehmen. Ich habe einiges in Sachen Ökologie und Engagement unternommen und werde das auch weiterhin tun. Doch was die

Grußpostkarte aus dem Jahr 1901

Nachhaltigkeit angeht, bin ich selbst keineswegs perfekt. Ich pendle nur gelegentlich mit den öffentlichen Verkehrsmitteln in die Stadt, fahre ein altes, amerikanisches Auto und fliege auch mal zu Geschäftsterminen. Was meinen CO_2-Abdruck anbelangt, ließe sich noch einiges verbessern. Natürlich. Den 100-prozentigen Turnaround schafft kaum jemand. Wichtig ist, dass es eine klare Tendenz im Leben gibt. Auch hier zählt das rechte, das menschliche Maß. Vor allem geht es darum, das eigene Handeln und dessen Folgen – lokal wie global – stärker zu hinterfragen und anzufangen, in Richtung Zukunft zu marschieren. Bewusst anders. Anstatt immer wieder das Alte zu reproduzieren.

»Sei der Wandel, den du dir in der Welt wünschst«, brachte es Mahatma Gandhi auf den Punkt. Die Möglichkeiten für jeden Einzelnen sind vielfältig, etwas Großes, Kleines, einen, tausend Schritte zu tun, statt »ohne mich« zu sagen. Hans-Peter

Dürr, der große Physiker, Umwelt- und Gesellschaftsaktivist, antwortete einmal auf die Frage aus dem Publikum, warum er denn jeder Einladung von jeder noch so kleinen Bürgerinitiative landauf, landab folge: »Jede Initiative ist für das große Ziel wichtig. Ohne die tausend kleinen Projekte und Aktionsgruppen würden wir unser Ziel nie erreichen.«

VITA

1959	geboren in München am 12. August
1960–1977	Kindheit und Jugend in Herten in Westfalen, Ruhrgebiet
1979	Abitur in der Schweiz
1979–1980	Wehrdienst in Mittenwald
1980–1981	Metzgerlehre in München
1982	Auslandsstudium in Washington
1983–1985	Studium der Betriebswirtschaftslehre in München (Vordiplom)
1985–1986	Mitarbeit bei den »Herrmannsdorfer Landwerkstätten«, Glonn
1986–1988	Studium der Volkswirtschaftslehre in Freiburg; daneben verschiedene Praktika
1988–1993	Geschäftsführung der »Herrmannsdorfer Landwerkstätten«
1993–1994	Recherchereisen in Japan, China, USA etc.
1993–heute	Förderer von »Human Rights Watch«
1996	Gründung von »Epos«, Bio-Gastro-Großhandel
1997–heute	Geschäftsführung Gut Sonnenhausen
1998	Eröffnung 1. Bio-Supermarkt »Basic«
1997–2004	Vorstand »Basic AG«, später Beirat (bis 2008, danach ein halbes Jahr im Aufsichtsrat)

2002–heute	Kuratoriumsmitglied »Umweltakademie München e. V.« (seit 2010 Vorstand)
2004–heute	»Mittagstisch für Kinder und Jugendliche«
2004–heute	Ethikkomitee »Invera«, Zürich 2004–2006 Umstrukturierung der »Casserole« in Herten
2007–heute	Aufsichtsratsmitglied bei »Greenpeace Deutschland e. V.«, Hamburg
2008–heute	Kuratoriumsmitglied bei der »Utopia-Stiftung«
2010–heute	Kuratoriumsmitglied bei der »Schweisfurth-Stiftung«
2010	Einführung einer »Ökonomie« in Sonnenhausen
2011	Übersiedeln nach Sonnenhausen